U0883920

心学大师湛若水丛书

湛若水精言

郭海鹰/编

广州新华出版发行集团
广州出版社

图书在版编目（CIP）数据

湛若水精言／郭海鹰编. —广州：广州出版社，2018.7
（心学大师湛若水丛书）
ISBN 978-7-5462-2810-5

Ⅰ.①湛… Ⅱ.①郭… Ⅲ.①湛若水（1466—1560）—哲学思想—研究 Ⅳ.①B248.995

中国版本图书馆CIP数据核字（2018）第168448号

书　　名　湛若水精言
　　　　　Zhan Ruoshui Jingyan
出版发行　广州出版社
　　　　　（地址：广州市天河区天润路87号9楼、10楼　邮政编码：510635
　　　　　网址：www.gzcbs.com.cn）
策　　划　柳宗慧
责任编辑　杨珊珊
文字编辑　刘雅丽
责任校对　王莉莎
封面设计　肖晓文
印刷单位　广东信源彩色印务有限公司
　　　　　（地址：广州市番禺区南村村东兴工业园　邮政编码：511442
　　　　　电话：020-31035501）
规　　格　787毫米×1092毫米　16开
字　　数　173千
印　　张　11.25
版　　次　2018年7月第1版
印　　次　2018年7月第1次
书　　号　ISBN 978-7-5462-2810-5
定　　价　39.00元

如发现印装质量问题，影响阅读，请与承印厂联系调换。

前　言

湛氏若水（1466—1560），初名露，字民泽，后因避祖讳，改名雨，40岁时开始定名若水。字元明，号甘泉，谥号文简。明代著名思想家、教育家、政治家。甘泉是明代心学奠基者陈白沙的衣钵传人，他们创立的学派被称为岭南心学，以便区别于王阳明为代表的阳明心学。甘泉寿高，享年95岁，年少之时父亲去世，只能跟随母亲四处飘零，生活不乏艰难困苦。尔后经过科举仕进，由朝廷中的庶吉士做起，最后做了官属二品的礼部、吏部、兵部的三部尚书。当然，他曾亲历了明代官场的险恶，也懂得人间世故，虽然也会遇到诬蔑、陷害，甚至弹劾之类，但他都能安然度过，这其中不乏有人生智慧。甘泉一生不忘讲学，创办书院，招收门徒，传道授业、明理解惑。他勤于著述，善于思考，学术成果丰硕，思想博大精深，其中有经济的、政治的、礼法的、教育的、家规的、哲学的，等等，不愧为一代宗师，与同时代的王阳明堪称思想双峰。不唯如此，他的书院思想以及甘泉学派思想的形成及传承等，都值得人们去认真研究，以便从中汲取精华，为现代的社会建设、经济发展、精神文明、人格培养提供可以借鉴的理论资源。

甘泉学说继承白沙，白沙学说的基本特点是突出人的主体性以及人的本体地位。“天地我立，万化我出，而宇宙在我。”“我”非小我，也非私我，“我”是大我，也是天理。这个“我”是一种境界，也是一种胸怀，“我”是堂堂正正，直道而行，正义凛然，顶天立地。同时，也有一种理性认知，“我”不囿于一己之私，不拘于陈说陋习，也不屈于世俗权威。“我”的特点在“知疑”，“学贵知疑”。学是觉悟，疑是批判。只有思考批判，才能有所觉悟，也才会有进步，小疑小进步，大疑大进步，不疑不进步。白沙主张“静坐”，因为“静坐”，“久之，然后见吾此心之体隐然呈露，常若有物”。即“静坐”能体悟到“心”之本体的存在。平时人们可能会因为外在事物的缠绕，生活的繁忙，忘记了对自我的反省，忘记了“吾日三省吾身”。而只有在“静”下来的时候才会去思考什么是有意义的，什么是无意义的，什么是值得的，什么是不值得的。所以“静”是一种消极自由，一种不被世俗左右的自由，这实际就是意志自由、人格独立。和“主静”有关的是“自得”，所谓“自得者，不累于外物，不累于耳目，不累于造次颠沛，鸢飞鱼跃，其机在我”。“自得”说的是自主，不仅不被外物决定，而且又是自由自在，即“鸢飞鱼跃，其机在我”。因为“我”是主体。当然，白沙哲学中还有个“自然”范畴，“自然”源自道家，白沙引用了，并把它作为自己哲学的基本范畴，同时赋予了“心学”的意义。“自然”是“道”，“自然之乐，乃真乐也。宇宙间复有何事”。人生真正的“乐”是对“道”的“乐”，对于“道”的“乐”就是“自然之乐”，有了这种“乐”，其他的乐也就不算什么了。白沙处世大气，为人狂放，常思“我大而物小”，物之小者不足以夺取我之大者。作为儒者，他的自由绝对不是肆无忌惮、放荡不羁，而是“从心所欲而不逾矩”，是在自由洒落中对于义理的坚守，“义理须到溶液处，操存须到洒落处”。

甘泉学说不同白沙学说，白沙主静，甘泉主敬，甘泉说：“善学者，必令动静一于敬，敬立而动静浑矣。此合内外之道也。”什么是内外之道，内是道德理性，外是道德实践，道德理性很好地落实在道德实践中就是合内外之道。如果说“静”是一种消极自由，是不累于物，那么，“敬”就是一种积极自由，它要求儒者对于道德律令的真诚遵守，即先哲说的“执事敬”。实际上，这就是甘泉所理解的“自得”。在他看来，人能“执事敬”，就能有“自得”。他说：“若仆之愚见，则于圣贤常格内寻下手，庶有自得处。”“常格内寻下手”就是“体认天理”，“随处体认天理”是甘泉的发明，白沙给予了充分肯定：“日用间随处体认天理，著此一鞭，何患不得到古人佳处也。”甘泉解释：“吾之所谓随处云者，随心、随意、随身、随家、随国、随天下、随其所寂所感时耳，一耳。寂则廓然大公，感则物来顺应，所寂所感不同，而皆不离于吾心中正之本体。”就是在任何时候、任何情况下都要自觉体认“天理”的存在，并把它贯彻下去。不论是动，还是静，是感，还是寂，都不要忘记“天理”。寂静之时的“廓然大公”和动感之时的“物来顺应”，都是对于“天理”的自觉。所以，在“体认天理”的过程中，既有“心”，也有“物”；既有“知”，也有“行”。故“体认天理者，兼知行、合内外言之也。”“体认天理”包含了知行合一、表里如一和言行一致。它是一种工夫，工夫熟后，即是“自然”。所谓“自然”者，不见人为，不假人力，“不勉而中，不思而得”，自然而然，毫无造作，它是一种修养，也是一种境界。

甘泉不同于阳明，尽管他们是好朋友，也都属于心学一系。但他们都不苟且于对真理的探索和坚持，在具体的学术观点上他们有分歧。甘泉讲“心无所不包”和“心无所不贯”。阳明讲“心外无物”和“心外无理”。“心无所不包”说的是“心”包含了万物的存在，形上之“心”是万物的价值之源，“心无所不贯”说的是形上之“心”贯穿于万事万物中，当然也贯穿在人的言行当中。阳明讲“心外无物”突出了形上之“心”的价值之源，强调的是“致良知”，同时，在价值存在上否认了“物”的独立自在性，故后来的王学禅化在这里就埋下了伏笔。日本学者冈田武彦对甘泉的评价也许能说明问题：“湛甘泉豪迈峻敏，虽在力量上不如使其学风靡一代的阳明，但却比阳明资格稍老。他始终以体认之学为宗，其学与王学相互出入。阳明死后，湛甘泉又保持三十余年的长寿，在纠正当时朱子学亚流之弊的同时，又致力于救正王学亚流的猖狂之弊。”应该说，这个评价比较公允。

除了哲学之外，甘泉还有教育、礼法、政治，乃至经济思想等。甘泉重视教育，据史料记载：他建的书院（包括帮他建书院者）就有35所，其中广东地区有22所，如在西樵山建云谷书院、大科书院，在增城建龙潭书院、独冈书院、莲洞书院，在罗浮山建甘泉精舍、天华精舍，在白云山建白云书院，在广州建天关书院等。他的弟子接近4000人。陈裕荣编著的《湛甘泉门生弟子考录》一书记载有名有姓的弟子就达649位。明末清初的黄宗羲，在师承上就属甘泉的四传，即甘泉传唐枢，唐枢传许孚远，许孚远传刘宗周，刘宗周传黄宗羲。在教育中，甘泉重视人格培养和实践教学，他说：“君子之学也，犹之锻金也，不炉不锤则金不精。事也者，学之炉锤也，不历事则仁不熟。不熟，仁之弃也。夫仁也者，贵熟之。”人的品质不仅是学来的，更重要的是锻炼出来的，这锻炼就是在事上磨，事上磨就是社会实践。

甘泉关注礼教，不论是在书院的训规中，还是自己的家训中，都讲到许多有关礼规的内容，同时也非常重视这方面的训练。这其中就包括日常生活中的洒扫应对、爱亲敬长、隆师亲友等。这些都是做人的基本礼节。如《大科训规》说：“诸生相处，务守长幼之节。”“诸生相聚，不可自是自高，无长幼之序，虚心相下，非但礼所当然，亦且受益。”说的是弟子之间的相互尊重。《家训》讲：“凡父母在，兄弟不得各爨。每晨与兄弟同造父母之所，问夜寝安否，食能美否。父母问诸子过失否，过失安在，各前跪对。”其中所说应该以家庭的统一为重，子女要向父母问候请安，父母要问子女做事有无过错。另外，对于传统的吉礼、凶礼、军礼、宾礼和嘉礼，以及乐、射、御中有关礼的问题也都有论述。

在政治经济方面，他承续中国的德治传统，主张以德治国，强调对于“国之理”的认知。他说：治国首先要认识“国之理”，“《大学·治国章》以孝、弟、慈，以心，以仁让，以恕言之，吾心感应乎国之理也，是故事君使臣也、立教兴化也、事长慈幼也、使众临民也、正朝廷也、正百官也、正万民也，皆国之事理也。”这说明治国不能离开德的要求，礼法固然重要，但德更为基本，礼法应该建立在德的基础之上。在经济上，他重视农桑，强调民事的重要性，“事神者，敬天是也。治民者，农桑是也。……农桑之务，乃衣食之源，民事之最急者也。”

总之，甘泉思想中蕴含着丰富的宝藏，需要人们去挖掘、研究和传扬。广东省岭南心学研究会近年来主持并完成了国家古籍整理出版资助项目《湛若水全集》（约400万字）的点校，同时组织《心学大师湛若水丛书》课题，经广东省社科联积极向中共广东省委宣传部申报广东省“理论粤军”项目，课题获得批准。广州出版社对《心学大师湛若水丛书》的出版高度重视，列入重点项目出版计划，精心组织出版。我们在整理甘泉思想资料的基础上，推出这套丛书，目的是从不同维度去揭示其思想内涵，呈现其历史意蕴，发现其所潜含的现代价值。希望丛书能够对读者全方位地了解湛若水有所裨益。

广东省岭南心学研究会

2018年6月

目　录

序 言

湛若水（字元明，号甘泉，晚年自号默翁，1466—1560）是明代岭南的大儒，他与王守仁（字伯安，号阳明，1472—1529）齐名当时学坛，黄宗羲（字太冲，号南雷，1610—1695）就说："王湛两家，各立宗旨。湛氏门人，虽不及王氏之盛，然当时学于湛者，或卒业于王，学于王者，或卒业于湛，亦犹朱陆之门下，递相出入也。"[1]近代以来，对王阳明思想的资料整理与学术研究已成为学术重镇，相比之下，对湛若水思想的研究则颇有门庭冷落之态。甚至，对湛若水思想的资料整理原先也一直未受到重视。这种情况直到最近这几年才有所好转。广东岭南心学研究会的学界同仁对湛若水留传下来的文字资料进行搜集、整理、校点，目前已交付上海古籍出版社出版，相信很快便可与读者朋友见面。这实在是嘉惠学术界的一件大事。湛若水一生讲学立说，著

①黄宗羲．明儒学案［M］．北京：中华书局，2008：875.

作甚丰，洋洋洒洒四百余万字。这样体量庞大的文字资料对于一般读者和研究者来说，容易沉溺于浩瀚的资料库中，而难以找到进入湛若水思想的门径。鉴于此，便有了从湛若水现存的著作中抽取其中重要的内容，按照不同主题进行汇编，方便读者阅读、了解湛若水学术思想的想法。这是编写《湛若水精言》这本小册子的初衷。

从体例结构上看，《湛若水精言》这本小册子共八卷，分八个主题进行资料汇编。这八个主题分别是：（1）道体；（2）心体；（3）为学；（4）修身；（5）家道；（6）治政；（7）三教之辨；（8）合一之学。我们在每一卷卷首都会进行简短的导读，帮助读者初步了解湛若水关于这一主题的基本观点。本书所集基本上依据《泉翁大全集》八十五卷本（下面一概简称《全集》），对《全集》中错漏的地方，则参照其他版本直接改正，不再另做校点说明；此外，本书所引的《湛氏家训》系民国十年（1921）华文书局印制版，而《圣学格物通》则采用文渊阁《四库全书》版本。需要说明的是，关于这八个主题的设计，编者受到朱熹、吕祖谦所编《近思录》一书的启发，但又根据湛若水本人的具体情况做出调整。这些主题涵盖了湛若水思想中的天道观、心性论、修身工夫论、三教观，同时也向读者展示了湛若水治家和治政思想的相关论说。可以说，通过这一本小册子，读者朋友可以对湛若水的学术思想有一个基本了解。不过需要指出的是，湛若水本人并没有对自己的学术思想做如此条分缕析式的分门别类，这在他看来实是一种“支离”的做法，所以，任何主题式的资料汇编在方便读者阅读的同时，也必定会遮蔽掉原作者思想的丰富性。在这种意义上，这一本册子只适合于一般读者对湛若水思想进行初步了解，同时也方便中国传统文化爱好者以及一般的中国哲学研究者做早期的资料阅读。是为序。

卷一　道　体 凡五十四条

导读："道体"是天地万物存在的本体根据，也是人们能够进行道德践履、成圣成贤的工夫根据。湛若水认为宇宙天地间流动着生生不息的气。天地万物都是这一生生不息的气流行化育而成，人心也不过是"气之精而灵应者"而已。这是从宇宙的创生意义上来讲的。然而，创生的过程并不是无序的，而是有它自己内在的秩序和节奏，这种秩序与节奏可以在我们身上的一呼一吸中感受到，湛若水把它称为"天理"。关于"气"与"理"的关系，湛若水说"气一则理一"，他讲"天理是活的"，这一活的天理在人身上表现得尤为明显，就是他非常重视的"生理"概念。生理的"生"字是要凸显人心所蕴藏着的那种创造力，他曾经用谷种来进行比喻，"生"是人心能知能觉、感应万事万物的关键。

【1】甘泉子曰："吾观于大《易》，而知道器之不可以二二也。爻之阴阳刚柔，器也；得其中焉，道也。器譬则气也，道譬则性也。气得其中正焉，理也，性也。是故性气一体。或者以互言之，二之也夫。故孟氏曰：'形色，天性也。'又曰：'有物有则。'则也者，其中正也。《易》曰：'一阴一阳之谓道。'其阴阳合德也乎！"

【2】性也者，其天地之生生者乎！其于人心也，为生理。道也

者，其生生之中正者乎！其于生理也，为中和。夫中正者，天之道也；中和者，人之道也。反是则辟焉戾焉，不足以为道，君子不道焉。

【3】一呼一吸，生生之理。生理根于中，呼吸感应乎内外。皆天之气，下根乎上，上根乎下，下根上根，万物一体。消息升降盈虚之间，有不得已焉。彼隔以皮肤，昧者不察，因以起私尔矣。

【4】有以宇宙为大而本心为近者。甘泉子曰："乌乎二？大包乎近矣，近囿乎大矣，是故允哲乎此而后能合一。今夫存乎人之身者，四肢与心均一体也，岂以心为近乎？四肢为大乎？故心痛则四肢皆病矣；四肢痛，则心亦病矣。无尺寸之肤不知，无尺寸之肤不爱也。无尺寸之肤不爱，则亦无尺寸之肤不养也。故手足痿痹皆谓之不仁。"

【5】仕鸣问："本心宇宙何以异？"甘泉子曰："本心宇宙一也。今夫火之光与其所照，一而已矣。故不知本心者，不足以语天地万物同体之理；不知天地万物同体者，不足以语本心之全。夫何异？"

（以上数条出自《全集卷一·樵语》）

【6】天地间阴不能不辟而为阳，阳不能不翕而为阴。是故一气之感人之心，静不能不感而为动，动不能不寂而为静，是故一体之变，合两而一，是故敬而弗失。

【7】生生者，天地也。人也者，生也。生也者，不息也。息焉则死矣，哀哉！

【8】天地之性生万物，发于元，长于亨，成于利，藏于贞。贞者，物之所终始也。圣人之心体万事，生于仁，裁于义，节于礼，成于智。智者，圣学之所以终始也。知始知终，循环无穷。

【9】天覆万物，物外无天，物亦天也。天健不息，人不法之，谓之弃天。

【10】形天地之至隐者，莫大乎物；发天下之至妙者，莫大乎人；蕴天地之至显者，莫大乎道；阐天下之至赜者，莫大乎教。尽天地之人物，而主天地之道教者，莫大乎圣。

【11】天地覆万物而不私，故称其大；圣人应万物而不与，故成其公。至大至公，上下攸同，是曰作配。

【12】五行在天，五事在人，其体一也。水、火、木、金，天之气也，非土则不生，不生则不成。貌言视听，天之性也，非思则不能通，不能通则不神。明而神之，成诸天道，其惟心乎！

【13】天地之初也至虚，虚者无也。无则微，微化则著，著化则形，形化则实，实化则大。故水为先，火次之，木次之，金次之，土次之。天地之终也至塞，塞者有也。有则大，大变而实，实变而形，形变而著，著变而微。故土为先，金次之，木次之，火次之，水次之。微则无矣，而有生焉。有无相生，其天地之终始乎！

【14】一阴一阳之谓道，道一阴阳也，阴阳一气也，气一宇宙也，一而已矣。一不变则宇宙不变，宇宙不变则气不变，气不变则

阴阳不变，阴阳不变则道亦不变。夫道一而已矣，智者见之，仁者有之。

【15】元、亨、利、贞，同道而异德。仁、义、礼、智，同体而异用。喜、怒、哀、乐，同寂而异感。

【16】阴阳同道而异气，五行同气而异质，五常同体而异用，五声同生而异起，五色同质而异采，五伦同理而异分，五方同性而异习。

【17】虚无即气也，如人之嘘气也，乃见实有，故知气即虚也。其在天地万物之生也，人身骨肉毛面之形也，皆气之质，而其气即虚无也。是故知气之虚实有无之体，则于道也思过半矣。

【18】空室空木之中，有物生焉。虚则气聚，气聚则物生。故不待种也，气即种也。古之气化而生也，故虚者生之本。

【19】或问虚空即气。曰："实有也。风云雷雨也何生？气也，有形则见耳！知风云雷雨之所由生，则知气之所在，又何有虚空？"

【20】天下之言道也，则器而已耳。得其器，道在其中矣。天下之言性也，则气而已耳。得其气，性在其中矣。故《易》曰："一阴一阳之谓道。"夫子曰："逝者如斯夫！"

【21】宇宙间其一气乎！气一则理一矣。如池浑浑，群鱼生焉，是谓同体。溢则同生，涸则同死，一体之谓也。其形体、呼

吸、性情潜跃之异者，分之殊尔。见之者谓之知道。

【22】天地之性也，非在气质之外也，其中正焉者，即天地之中赋于人者也，故曰“天地之性”。是故天下之言性也，皆即气质言之者也，无气质则性不可得而见矣。故生而后有性之名。周子曰：“刚善刚恶，柔亦如之，中焉止矣。”气质之中正，即性而已矣。

【23】宇宙间一气而已。自其一阴一阳之中者谓之道，自其成形之大者谓之天地，自其主宰者谓之帝，自其功用者谓之鬼神，自其妙用者谓之神，自其生生者谓之易，自其生物而中者谓之性，自其精而神、虚灵知觉者谓之心，自其性之动应者谓之情，自其至公至正者谓之理，自其理出于天之本然者谓之天理，其实一也。

【24】天一生水，水生于阳而成于阴，故水之消长也，随阴阳之盛衰。是故春夏而长，秋冬而消，阳为之也。水之行于地也，犹人之血行于百骸也。气为天，体为地，血者承气以行乎体于天地之间者也。故人之老而死也，阳气渐衰而血渐涸，天地之终也亦然。

（以上数条出自《全集卷二·新论》）

【25】阳升则浮，阴降则沉，浮沉相荡而润下生焉。阳精则明，阴精则晦，晦明相感而炎上生焉。阳刚则伸，阴柔则屈，屈伸相循而曲直生焉。柔以溶之，刚以结之，溶结相推而从革生焉。刚以辟之，柔以阖之，阖辟相荡而稼穑生焉。天地之生也，先气而后质，故水、火多气，木、金、土多质。

【26】观洪炉之铸金，则知天地之终始矣。在炉而溶，生之也；出炉而结，成之也。溶也者，水始之象也；结也者，土终之象

也。其溶也，孰不以为屈，而不知生之始也，伸孰大焉！其结也，孰不以为伸，而不知成之终也，屈孰大焉！始终相乘，屈伸相感，而金未尝变，道之象也。

【27】咸、苦、酸、辛、甘，五行之用，非味也，故言作。盖五者味也，其作之者则用也。若以味言，则从革味如何辛？水之润下可积煮为咸。火之炎上，久则可为苦。木之曲直，其实可制之为酸。金之从革，其气已烈，即有辛意。又物之辣者，遇金气炒之愈辣。土之稼穑，煮之可成甘。此便是用处。然五行亦有兼用处，《洪范》特就其盛者言之耳。水亦有可为苦者、酸者、辛者、甘者。火亦有可为咸者，如烧灰煮水也；可为酸者，如以物近火，久则酸也；可为甘者，如煮物成甘也。木所生、土所生，皆可兼为咸、苦、辛矣。金亦可制咸、苦、酸、甘，但不如制辛者尤盛耳。

【28】虫之感也，以春而鸣；草木之感也，以阳而生。观其所感，而天地之仁可见矣。虫之寂也，蛰而息；草木之寂也，归其根。观其所寂，而万物之仁可见矣。

【29】观风草便是感应之理。风行草偃，伸而屈也；风去而草仰，屈而伸也。非特二物相感应，而风草各自有感应。风之来，伸也，而屈存焉；风之去，屈也，而伸生焉；是风之感应也。草之偃，屈也，而伸存焉；草之仰，伸也，而屈存焉；是草之感应也。公事有阴阳亦此理。

【30】有一本而二物者，树上寄生是也。有二物而一气者，二树相接而连理是也。只是气之所为耳。

【31】气之精而灵应者即心，其纯粹至善即性，性即理，不可外气求性，而外有所谓理也。天地间万物只是一气而已。故气之偏者，即蠢然为物；气之中正者，则浑然为圣人；及气之病而痿痹者，即谓之不仁；病风狂者，即不知义理。故知气为定品，性为虚位，是故气质之性非天地之性，天地之性一而已矣。告子“生之谓性”，不知天地之性中正纯粹精也。

（以上数条出自《全集卷三·知新后语》）

【32】甘泉子曰：“仁其心之生理乎！自一念之动，以至于万事之感应，皆生理也。故孔门之求仁，必于视听言动、出门使民、居处执事与人而言之，皆即事即动以求者也。《易》曰‘复其见天地之心’。”

【33】□园柳初青，甘泉子顾谓门人曰：“造化之生意勃然矣。”□曰：“‘复其见天地之心乎！’夫学必见此而后日新。”

【34】蔡琳问：“人与天地不相似，其起于人己之二乎？”甘泉子曰：“物我之初，一而已矣。形骸异而彼此分，彼此分而私意生。子不孝于父，臣不忠于君，至于利害相攻，贼灭无伦，二而已矣。惟夫克己则无我，无我则无物，无物无我则一矣，其惟天地乎！”

（以上数条出自《全集卷六·雍语》）

【35】田叔禾问：“气也、理也、性也，一物而三其名者也，自其流行而言曰气，自其条绪而言曰理，自其人之所禀而言曰性，举其一而可以兼其二者也，是故盈天地间皆气也，即理也，孔子所谓‘一阴一阳之谓道’是也。阴阳运而五行分焉，其间纯驳、清浊、厚薄之不齐，皆所以凝结乎万物者也。人之生也，得其气之

中焉者，上也；得其偏胜焉者，次也；得其偏而与禽兽同之者，下也。斯三者，性之所以不齐也。是故圣人与天地合其德者，阴阳不偏之谓也。其在凡民也，刚者吾知其偏于阳也，柔者吾知其偏于阴也，而阴阳偏胜之间，又有偏于木而慈、偏于火而燥、偏于土而滞、偏于金而厉、偏于水而荡，此智愚贤不肖之所以分也。是故中也者，气之常也；偏也者，气之变也。孟子曰'人性善也'，语其常也；孔子曰'性相近也'，语其变也。夫凡民之性既已非中，而形生神发之后，又有物欲之私以牿之，其害性也甚矣，孔子所谓'习相远'者是也。是故物欲之私非性也，形而有后者也。商纣之暴也，周幽之懦也，性之偏也，使其自孩提之时，即得圣人而教之，不习于形体之私而荡其心焉，其恶未必如是之甚也。惟其不知尧舜之道也，是以声色货利之欲，群聚而诱之。夫以偏胜之性，而驰骛于形而后有之私，所以为天下大戮也。是故君子之养其性也，修其禀受之偏，而原于天者全矣；克其形体之私，而蔽于物者昭矣。斯二者皆所以求性之中也。"冲未有以对，请问。

天地间只是一个性，气即性也，性即理也，更无三者相对。《易》曰："一阴一阳之谓道。"《孟子》曰："形色，天性也。"《诗》曰："天生蒸民，有物有则。"孔子在川上曰："逝者如斯夫。"《中庸》"鸢飞鱼跃"，皆是此意，舍气何处寻得道来？故曰："乾坤毁则无以见易。"盖气与道为体者也，得其中正即是性、即是理、即是道，故曰："一阴一阳之谓道。"而偏阴偏阳则非道矣。为人、为物、为君子、为小人，于此焉分。若君子之学，体认天理，得其中正，即性道矣，是为全归。其余且待他日自明，今且莫太分析，恐又反为心病也。

（《全集卷六十七·新泉问辩录》）

【36】檀又问："论道体者曰：'上天之载，无声无臭。'

曰：‘正明目而视之，不可得而见也；倾耳而听之，不可得而闻也。’然而又有曰‘卓尔’、曰‘跃如’，至如川上之逝、鸢鱼之飞跃，则又似显然指言天理之体，不但参前倚衡而已，而曰‘无’、曰‘不见闻’，何与？”

虽鸢鱼川上，其理何曾睹闻？不可睹闻，无声无臭者，道之体也，所谓形而上者也；鸢鱼川上者，道之用，流行可见，与道为体者也，形而下者也。合而睹之，自可见矣。其参前倚衡，卓尔跃如，不过心目之间若有见耳，非真有形状可见也。

【37】简一日与周用宾论祭义，曰：“天地以生物为心，而用牲，何也？岂真所谓万物之蠹也乎？”用宾不答，之曰：“血食也。”又曰：“此等处须于二十年后当自得之，某亦求之二十年始得。”简惑焉。

天地春生秋杀，圣人仁育义正，皆是天理流行，阙一不得。好生者，仁也；用之以供宾祭者，义也；取之以时，用之以节，而远庖者，义所以存其仁也。若复不用牲，则梁武帝以面为牺牲者，果得尽仁义之道乎？好生者，天地之心，然天地之性，人为贵，仁之中有义存焉。释氏不杀牲，然不能不食五谷，五谷亦生也，岂为能充其类也乎？仙人谭景升论杀生云：“吾疑自古无君子。”误矣。

（以上两条出自《全集卷六十八·新泉问辩录》）

【38】周子曰：“无极而太极，太极而动而生阳，动极而静，静而生阴，静极复动，一动一静，互为其根，分阴分阳，两仪立焉。”静，妙用不息者为动，则所谓静极复动、动极复静者，不可通矣。夫所谓分阴分阳，两仪立焉者，其以天地之形体言之乎？抑以其性情言之乎？以其形体言之，则天主动、地主静，动静分矣；以其性情言之，则所谓阳变阴合而生金木水火土者，又何谓也？愿示。

观天地间，只是一气，只是一理，岂常有动静阴阳二物相对？盖一物两名者也。夫道一而已矣，其一动一静，分阴分阳者，盖以其消长迭运言之。以其消，故谓之静、谓之阴；以其长，故谓之动、谓之阳。亘古亘今，宇宙内只此消长，观四时之运，与人一身之气可知，何曾有两物来？古今宇宙只是一理，生生不息，故曰：“动静无端，阴阳无始。”见之者谓之见道。

（《全集卷六十九·新泉问辩录》）

【39】又问：“即天地之四时行、百物生，其在我为率性以和乎情；即天地之寒暑灾祥、变动不居，其在我为约情以正其性。则是天地我之性情一也，天地之化即我之化，而万事万物莫不协于一，万事万物一，则无事矣。故曰：‘天道至教，圣人至德，至教至德，性情焉尽矣。’是如此否？”

《记》曰：“人者，天地之心。”最是精微。若看得破，则人与天地只是隔一形骸皮肤耳，其气未尝不贯通。人之心即天地之心，人之性情即天地之性情；性情正而和，而万化生焉，故曰：“天地之用，皆我之用。”是天地万化在我矣。孟子说“乐莫大焉”，大不足以言之也，特就人言耳矣。

【40】何大通问：“天理者，直指人心之本体而言。以言乎天者，万物皆备之矣，所以大一体之意也。在天曰理，理者，礼而已矣，本其于穆不已，流形万变，天地以是而覆载，日月以是照临，鬼神以是而幽明，人物以是而动静，山河以是而流峙，风云以是而变迁，以至霜露雨旸，无非此理也，圣人之糟粕煨烬，亦无非此教也。是以人曰心，心也者，天理而已矣。尊卑殊分，贵贱殊亲，民物殊爱，一以贯万，万以原一者，抑亦无非此理，无非此教也。曰体认者，只是天理本体上用功，所谓‘识得此理，以诚敬存之而

已’。千古圣贤只有此一些子不放过，所以立天下大本，重天下之急务。尧告舜曰‘精一’、舜告禹曰‘执中’，无非精此执此一念而已，是所谓‘缉熙敬止’也、‘顾諟明命’也、‘安汝止’也。曰随处，无在无不在之意也，所以不可须臾离也，所以无终食之间违仁，造次颠沛必于是也。颜子三月不违，只是三月随处用功而已，其余则日月至焉，只是日月间随处用功而已。”

天理二字干涉甚大，人不足以名之，无与之对者。天地之覆载，日月之照临，鬼神之吉凶，人物山河、风云雷雨之聚散消息，无非这一个形见，不必言以是也。随处体认说得是，这一个功夫乃自然功夫，与天地合德，与无终食违仁，自造次颠沛必于是，与三月不违，与顾諟明命，与缉熙敬止，与惟精惟一，皆同条共贯。此个条贯，千圣千贤一大头脑，正是作圣功夫。贤能看得破，便可下手，便可起脚向圣人路上行矣。

（以上两条出自《全集卷七十二·新泉问辩续录》）

【41】鄙见天地，其气之为清浊乎！日月，其气之为照临乎！寒暑，其气之为炎凉乎！山川，其气之为流峙乎！草木，其气之为荣悴乎！龙蛇，其气之为屈伸乎！鸟兽，其气之为飞走乎！水火，其气之为刚柔乎！人物，其气之为通塞乎！推之皆然。则夫气之时义博乎弘哉！而其理之所以然者，则至妙存矣！不可得而测也。故曰：“君子之道费而隐。”

答曰：“天地、日月、寒暑、山川、草木、龙蛇、鸟兽、水火、人物，固是气，然即气即道，《易》曰：‘形而上者谓之道，形而下者谓之器。’同是一个形字，与道为体者也，更不须别说个所以然处，令人无处寻讨也。故孔子川上之叹曰：‘逝者如斯夫！不舍昼夜。’即指水是道，多少直截，不费辞说，令人易见。见此，则宇宙内开眼便见道体之流行，更不须寻个所以然也。幸深思之！”

【42】愚尝坐食东轩，见所畜鸭群卧喘息，与自家之呼吸一同，默喜而叹，见天地万物真与吾一体。推斯义也，虽欲自私得乎？然则先生所谓“随处体认”，不识此亦一事否乎？

答曰：“吾所谓体认天理者，体认此而已矣！能将此身与天地万物作一体看，即痛痒相关便是仁，便是天理也。如是涵养！”

（以上两条出自《全集卷七十五·问疑录》）

【43】尝观蚁子营营往来庭砌间，其生死聚散，吾终日视之，未尝为之注意。窃意天地于人亦若此已，而谓物之生死聚散皆必有司之者，殆不可晓。或谓天地以生物为心，更无他事，故凡物之生死聚散，理势自尔相关，人虽亦具天地此心，但泥于有我之私，是以见己而不见物，惟其不见，故一膜之外便分胡越，宜物之生死聚散与己不相关也，天地之心却不如此。此说是否？

此段体认得好。学者须识浑然与天地万物同体之意便是仁，仁便与人物痛痒相关，此关系甚大，非小小者。至于致中和，天地位，万物育，亦只是此心。宜深体之，以自养自修，非但求之言语可了也。

【44】鬼神者天地之灵气，人之心亦只是这个气分来。故思虑未起，鬼神莫知；有思虑，即此气已动，鬼神自能知之。缘他与心是一气，故有相感之理。铜山西倾，洛钟东应，其理皆然，只缘他元是一气耳。尝闻有人作官，棰死强盗五人，当时心疑其非，只因初至要立威，遂乘快棰之至死。后此人患背疽，临革时眼中只见此五人来索命，呻吟旬日方死。此亦是此心已先疑其非，故鬼神亦自知之，其患背疽、见人索命，皆是此气之感召耳。道书谓：“淫者化为妇人，暴者化为猛虎。”亦言其理气感召有如此。此说是否？

人与鬼神皆是一体，皆是宇宙中一气，故有感应。过此以往，未之或知也。着力惟自可知者始，不可知者付之于不可知，不失为智。故曰“敬鬼神而远之”，毋徒求之幽远也。

【45】天道福善祸淫，虽有迟速分数多少，然实不差毫厘。人虽至灵，然亦天地之一物耳，自天地视之，何啻蚍蜉蚁子！然具此灵气，且能无所不知不能，况于天地如是其大，雨露风雷变于顷刻，生长收藏不可名状，其聪明明畏若是，而昧者反视天为茫茫，凡祸福感应，一切以为与人事善恶若无与者，何不思之甚也！尝观诗、书所云天人之际，其祸福往往真若响应。盖圣人心通乎天，至诚无伪，知其理势有必然者，特不可以旦暮浅近期耳；然则今人有不畏天者，殆未能思天之所为耳。

吾以为天地无心，人即天地之心。天何尝于人一一较量之，某人善，降之福；某人恶，降之祸；则天地为有心，其心亦劳耳。《诗》云：“永言配命，自求多福”。孟子曰：“祸福无不自己求之者。”人之为善自得福，人之为不善自得祸，天理当然，若天降之耳！如今人殴人即得殴人之罪，杀人即得杀人之罪，若天刑之也。

（以上数条出自《全集卷七十七·金台答问录》）

【46】问：“梦帝赉予良弼”，全在恭默思道上来，不然恐涉于诞。天地之间，人己物我都是一个命脉，故至诚如神，恐亦是精神纯粹自有明觉处，未知是否？

吾契云“梦赉良弼，全在恭默思道上来”，甚好。天下古今只是感应而已矣。何以感之即应，疾于影响？宇宙内只是同一气、同一理，如人一身，呼吸相通、痛痒相关，刺一处则遍身皆不安。又如一池水，池中之鱼皆同在此水，击一方则各方之水皆动，群鱼皆惊跃。此与孔子梦周公同，以其气一理一也，否则何以能感应？此可以知道。

（《全集卷七十八·洪子问疑录》）

【47】“天下非身外也”一句甚好，甚得《西铭》理一，及程子仁者浑然与天地万物同体之意，但理一之中自有分殊，不能不别也。此仁义并行而不悖者也。昔朱元晦初见延平，甚爱程子浑然同体之说，延平语云：“要见理一处，却不难，只分殊处却难。”又是一场锻炼也。愚以为未知分殊则亦未知理一也。未知理一，亦未必知分殊也。二者同体故也。敬以直内，义以方外，所以体夫此也。敬义无内外也，皆心也，合内外之道也。而云内外者，为直方言之耳。

（《全集卷八·答太常博士陈惟浚六条之三》）

【48】充塞宇宙，流行宇宙，皆是道体。如川上、鸢鱼之类，圣贤明白指出此体，欲人察见此体，存养而有之于己而已矣。未见此体，则所养何事？外家犹能言如将水火煮空铛，若察见此体，而无学、问、思、辨、笃行之功至之，则所见终虚。外家犹能言譬如数他财，吾子既见得如是，非实用功以有之于己，亦未为真见，未为见易，未为闻道也。幸勉之！斯道之望也。

（《全集卷九·答潘廷评》）

【49】朱子所谓天理，硬矣。天理是活的，所谓不以道不处不去者以此，岂易言哉？孔子之仕止久速，颜子用行舍藏，有本者如是。周子曰：“见其大则心泰，心泰则无不足，无不足则富贵贫贱处之一。”有本之谓也。

（《全集卷九·答王顺渠司成》）

【50】涵养根本之说甚为切要，然所谓根本者，天理是也。所谓血脉骨髓者，亦天理是也。天理之外，无余蕴矣。天理者，吾心中正之体而贯万事者也。此外何有血脉？此外何有骨髓？即由仁义行之学，集义所生之学也。天理二字不落心事，不分内外，何者？

理无内外心事之间故也。

（《全集卷九・复洪觉山侍御》）

【51】盖此道在宇宙颠扑不破，不为尧存，不为桀亡。夫所以不亡而长存者，分定故也，谁得而损益之？古之圣人愠于群小，为世道愠也。若吾之所得于天者固自长存，又焉往而不泰然哉？孟子三自反乃又反，以为三锻炼矣，然则凡欲损我者，非益我者乎？

（《全集卷九・答王汝中兵曹》）

【52】诚只是一个诚，只是一个天理，实理如何言天下至诚？盖言圣人尽此实理，不二不杂，纯而不息，天下一人而已，故曰“天下至诚”。至诚则性自尽，诚与性一也。以心而言谓之诚，以理而言谓之性。性即理也，其为字义，从心从生，乃心之生理也。圣人之心不二不杂，纯而不息，则心之生理，全体大用浑然廓然，□无一毫不尽矣。己性尽则人之性、物之性皆尽，盖其性之大用之所及于人，则有教以复其性，有养以遂其生，于物则取之有时，用之有节，人之性尽而物之性亦尽，人物之性皆于己性分上尽了。盖成己成物皆性之德也，合内外之道也。己性尽则人物之性尽，人物之性尽，则裁成辅相。天覆地载，圣人成能，圣人成能，成天地之所不能。

（《全集卷十二・天华书院讲章》）

【53】嘉靖辛卯三月，主客郎中张君岳惟乔承简命广西佥事，爰督学校，四司以例请赠言，其序在予。张君进而问曰：“夫督学职教也，以今视古，如彼其久也；以广右视中朝，如彼其远也。未闻有行古之教而被之远者，岂古今远近，其教固不可同哉！”予曰：“盍求诸道乎？”问：“道之同否？”曰：“盍求诸性乎？”

问："性之同否？"曰："盍求诸天乎？夫教原于道，道原于性，性原于天，天同则性同，性同则道同，道同则教同。是故天无二性，道无二教。"曰："然则古人之道所以合于教者，何居？所谓德行道艺者，宜若可行乎哉？"曰："可。《记》曰：'笃其实而艺者书之。'《易》曰：'多识前言往行以畜其德。'周子曰：'圣人之训，入乎耳，感乎心，蕴之为德行，发之为事业。'是故德行道艺之致一矣。主司观其道艺之词，而其德行可知矣。是故德行道艺之教施，而乡举里选之法寓矣。乡举里选之法寓，而一道德同风俗之治致矣。何古今远近之间哉！不然，于当时之制，而寓先王之意者，二业合一是也。莫之御而不为，非无其时也，无其心也。以予观于子则有是心矣。若夫润泽力行之，则在子之身矣。"

（《全集卷二十二·送广西提学佥宪张君惟乔之任序》）

【54】万物宇宙间，混沦同一气。充塞与流行，其体寔无二。就中有粲然，即一为万理。外此以索万，舍身别求臂。逝川及鸢鱼，昭昭已明示。我心苟不蔽，安能出于是。知止乃有定，动静原非异。见之即浑化，是名为大智。其次在敬养，敬有为心累，勿忘以勿助。其机极简易，嗟彼世间儒，憧憧起私意，自然本无为，廓之配天地。

（《全集卷四十·舟泊梁家庄括与应原忠语》）

卷二 心 体 凡七十六条

导读：“心体”所指，一方面是从“天地之心”的层面来讲。湛若水认为“心”无不在腔子之中，但这一腔子之心是与天地万物一体不容已的，是能体天地万物的大心。天地万物虽是一气生生流行化育而成，但唯有在人这里才得到一种突破和自觉，而使天地宇宙得以呈现其意义与价值。从这个角度来看，人心亦可以化育天地万物，在这一卷中，湛若水就有很多关于心与物之间关系的讨论。另一方面，这个“心”还是一个道德本心，它有虚、灵、中正的特点。湛若水所讲的修身工夫皆是扣紧到这个本心上来讲，它既是工夫的根据，又是工夫的着力处。不过，湛若水强调的这个本心，他也称之为良心、良知，只是一个初心，只是一个善的萌端而已，必须要有刮磨、扩充的工夫来使心之全体得到朗现。由此，湛若水尤强调学问思辨笃行的格物致知工夫。

【1】甘泉子曰：“大其心，然后能全体天地之性。故曰：‘尽其心者，知其性也。’心之广大也，物或蔽之，物或偏之，乌乎尽？尽也者，复其大者也，而性之全体焉见矣。今之小其心者，如掩鉴焉，一隙之明，照者几希矣。故尽心、知性、知天。明乎此，然后存养有所措，学之能事毕矣。”

【2】或问：“知觉之与思虑也有异乎？”曰：“不同，知觉者

心之体也，思虑者心之用也。灵而应，明而照，通乎万变而不汩，夫然后能尽心之神。明照而无遗，灵应而无方。”

【3】聪明睿智，乃心之神，通乎四德。彼宽裕温柔、发强刚毅、齐庄中正、文理密察，皆感而发，德之用尔。能知天德，神而明之，非天下之至圣，其孰能与于此！

【4】甘泉子语诸生曰：“伊尹之言觉也，其至道乎！故学，觉而已矣。觉则正心生，不觉则邪心生；觉则达诸天，不觉则陷于人。故聪明圣知达诸天德，圣人之觉也。觉生于思，思曰睿，睿作圣，其惟觉乎！”

【5】诸生进揖，甘泉子谓士德曰：“夫良知者，非外铄者乎！既不以外铄而有，亦不以外诱而亡，气习蔽之则蒙耳。故学所以发蒙以扩其良知也，不博学则不能发蒙，蒙不发则长而愚。”

【6】仕鸣问曰：“敬之与思也，何辨？”甘泉子曰：“心之官则思，思者，心之知觉也。非敬则思或邪焉。敬也者，思之规矩也，故君子慎思。”

【7】赤子之心，其真心乎！大人不失赤子之心，存而廓之耳。

【8】君恪曰：“诸欲同根而异发，有诸？”甘泉子曰：“然。万理同根而异感，故在君为仁，在臣为敬，在父为慈，在子为孝，在友为信。在所以感之者，是故君子敦本。”

【9】君卓曰：“知止，其在心之天理欤？”甘泉子曰：“莫

非心也，心体物而不遗。”曰：“何谓格物？”曰：“物至而后义生，义生而后知有所措。”

【10】陈子宗亨曰：“人者天地之心，以得其气欤？”甘泉子曰：“子之言其几矣！其几矣！由是而充之，其知道矣！是故人者也、天地也，呼吸通焉。彼以皮肤之间，何足以知人？何足以知天地？”

（以上数条出自《全集卷一·樵语》）

【11】心之生理如树在地，斯须弗存，生理索然。

【12】恻隐之时可以观仁，羞恶之时可以观义，辞让之时可以观礼，是非之时可以观智，动静之时可以观心。心一而已，无间动静。

【13】圣人之道，存之乎心，发之乎事，成之乎治，极之乎参天地。其道岂远乎哉！其功岂小乎哉！

【14】心一则虚，虚则明，明则善生，善生然后义兴，义兴然后礼定，礼定然后乐作，乐作然后民化，民化然后物格，物格然后天地位，故天地位矣。道莫大焉！法莫要焉！

【15】乐莫大乎同物，忧莫大乎私己。私己者戚戚，与物为敌；同物者休休，与天为游。

【16】性者，心之生也。情者，性之动也。性生不能不动而为情，犹水之不能不流也。流而清者其本性也，圣人也。流而浊者，犹物欲蔽之也，众人也。澄之复其清，养之复其性，贤者而已矣。及其至也，成性则圣。

【17】行短而知长，行方而知圆，行有止而知无穷。故行一而已，造其极之谓也，非造其中之谓也。若夫知者，所以潜天地、达古今、通昼夜、尽始终之变，以至于化育，非天下之聪明睿知，其孰能尽之？

【18】四端德也，非性也，性与德非二也。其未发也浑而一，及感而通也，恻隐、羞恶、辞让、是非之心生焉，而四者别矣。其端，始也，故曰："若火之始然，泉之始达。"端也者，始也。四端者，性之能也，性之四德也。

【19】人心之虚也，生意存焉。生，仁也。生生，天地之仁也，塞则死矣。圣人之心，太虚乎！故能生万化，位天地，育万物，中和之极也。必有主而后能虚。

【20】古之言性者，未有以理气对言之也。以理气对言之也者，自宋儒始也，是犹二端也。夫天地之生物也，犹父母之生子也，一气而已也，何别理附之有？古之人其庶矣乎！刘子曰："人受天地之中以生。"中也者，和也。人也者，得气之中和者也。圣也者，极其中和之至者也。阴阳合德，刚柔适中，理也，天之性也。夫人之喜怒，气也；其中节焉，理也。《易》曰："一阴一阳之谓道。"道也者，阴阳之中也。"形而上者谓之道，形而下者谓之器"，器即气也，气有形，故曰"形而下"。及其适中焉即道也，夫中何形矣？故曰"形而上"。上下一体也，以气理相对而言之，是二体也。

【21】喜怒哀乐未发而上，未之知也。然则未发也有知觉乎？曰：有知觉而无见闻。然则知觉之于见闻也有异乎？曰：有。知觉

之生也由乎性，闻见之知也缘乎情。是故心也者知也，性也者生也，情也者动也，道也者蹈也。性之生也一天下之分，情之动也原天下之一。生而动，动应乎物，范而不过。故道之蹈也，合天下之动静。神也者，妙动静而为言者也。

（以上数条出自《全集卷二·新论》）

【22】人无有不善。闻昔时杨武有一贼首，拿其妻子俱不恤，及拿至其母便出。出即死矣，而出，是其良心也。因其良心而导之，无不可善者，在上者转移之尔。

【23】人心道心只是一心。心得其正时，纯是天理，故谓之道心；心不得其正时，便为己私，故谓之人心。人心，有我之心也；道心，天心也。先儒谓出乎天理之正者道心，则是也；谓发于形气之私者人心，则恐未然。凡谓之心皆指具于形气者言，惟得其正，则道心也。又谓虽上智不能无人心，虽下愚不能无道心。又谓道心常为一身之主，人心每听命焉。是有二心相役，此处不能无疑。

（以上两条出自《全集卷三·知新后语》）

【24】蔡羽问感应。甘泉子曰："心之体无不有也，接物而后义生，感在内也，谓之外，非也。"

【25】管登问心事之合一。甘泉子曰："其犹诸烛乎！光之体与光之所被一也。燃于堂而照于四壁，非二光也。今之人其犹移烛而照也与！"

【26】潘子嘉问心性，甘泉子曰："学者其学诸心耳。知其无所不包，理其一矣；知其无所不贯，分斯殊矣。包与贯，其弥纶之

谓与！二之则非矣。”

【27】潘子嘉曰：“敢问心犹鉴，何也？”甘泉子曰：“鉴之体常明也，物照而妍媸辨焉。善学者，其学诸鉴乎，去其暗此者而已。今夫禅学者，其犹不照之鉴乎！”

【28】葛涧问物各有理。甘泉子曰：“物理何存？存诸心耳。”问在物为理。曰：“曷不曰‘在心为理’？故在心为理，处物为义，其感通之体乎！体用一原，理无内外。”问：“络马之首，贯牛之鼻，非理与？果在外也。”曰：“其义也。以心应马牛，而后理感而义形焉，果在外耶？抑在内也？”

【29】甘泉子曰：“人皆知设施之为行矣，而不知念虑之存存即行也。合存存设施以为行，则几矣。”

【30】甘泉子曰：“人之心也，其犹镜乎！镜之明也，自然照物矣。心之明也，自能应物矣。学问思辨笃行，所以存养其知觉，其犹磨镜之工云尔。”

【31】沈珠问：“心苟中正矣，其无待于审几与？”甘泉子曰：“中正者，心之本体也，既感而应则几也。或几而中正，或几而邪僻，其可以不审诸？其可以不慎诸？”

【32】余胤绪问：“‘仁者，人也。合而言之，道也。’夫以人之理合于人之身，则如以服衣乎人，不亦二乎？”甘泉子曰：“尔何哉，所谓合者？”曰：“仁也者，心也。人也者，身也。有是心矣，随其身之所遇，而亲义序别信油然生焉，故谓道也。”甘

泉子曰："然，是故心性合天下之道。"

【33】杨钦问："人之知思，因神以发，何与？"甘泉子曰："知思也者，神为之也。人惟昏其神，则知思昏矣，是故神精乃明。君子之学，养其精神而已矣。"

【34】陈道问："知觉心之本体也，而亦寓行乎？"甘泉子曰："然。知而存存，行之谓矣。"

【35】门人问思。甘泉子曰："虚灵知觉，思也。"曰："何也？"曰："本体也。本体全则虚而明，有以照物，如鉴空而妍媸莫逃，是谓思则得之，无思无不通也。思无邪，忆度之私可以为思也乎？"

【36】管登问："道心为主而人心听命，然则心有二乎？"甘泉子曰："心一而已，人心也者，人欲也，其不可与道心并言矣。"

【37】甘泉子曰："人心贵虚，虚则生生之意蔼然于中，可默识之矣。"

【38】门人问："心有主则虚，与有主则实，何谓也？"甘泉子曰："由其物欲之不入也，是故谓之虚；由其天理之中存也，是故谓之实；一而已矣。"

【39】徐勖问："精义求诸事矣乎？"甘泉子曰："其外之也已。'在心为理，处事为义'，精也者，自其本心精之也，精斯神矣。《易》曰：'精义入神，以致用也'，其合内外之学与！"

【40】陈生问："纯心何谓也？"甘泉子曰："其犹夫金之精乎！金之不精，有或杂之，非复金之初矣。今夫金，时时而炼焉，日日而炼焉，久则精金尔矣。又何待于外求？""敢问乎炼之法？"曰："敬。"

【41】陈怀问："心为事累，何如？"甘泉子曰："心小故也。察见天理则廓然太公，物来顺应，奚其累？"

（以上数条出自《全集卷六·雍语》）

【42】周学心讲可欲之谓善。先生曰："亦是如此。可欲犹今可口之可也。然真见善于未可欲之前，乃真知所为可欲者。在凡人则为良心，在正子则谓之端倪。知有诸己，则此端倪尝露，无隐见时矣。俱在几上，美大圣神功夫俱在知几充实上。化不可知，即充实熟耳。未发则为可欲之性，既发则为可欲之善。"

【43】章尝问："言行感应只以初念为准，如何？"先生曰："吾人见在未必即是原来本体，初念恐亦未可全据。故吾体认天理功夫更不分初终内外，直是全体不息，故能不远而复，有不善未尝不知，知之未尝复行。只若说初，吾犹以为缓了。其几已后，不知不觉便入义袭去。若说常知常觉，吾犹以为少了里边一层，连却知觉亦不是。"

（以上两条出自《全集卷十三·天关精舍语录》）

【44】润问："致良知亦自好，如知得未见天理，即体认而求见之；知得天理已见在，即操存而涵养之；知为物欲牵引，即提醒此心而消除之；知得志气昏惰，即打起精神而植立之。果能一日之间，每每如此知得，亦每每如此致去，即无时无处非体认天理之功

矣。然否？”

知字是吾心虚灵之本体，安可无得？《洪范》：“思曰睿，睿作圣。”《中庸》：“聪明睿知，足以有临也。”又曰：“聪明圣知达天德。”予尝谓：“知圆如天，行方如地，天包乎地，知通乎行。”又曰：“圣人之学，恒知而已矣。”知安可一时无之？但要察见天理，便可谓之良知。致之之功，非学、问、思、辨、笃行，不能见其天理之正而存之也。不然，则但云“聪明圣知”便了，如何又云“达天德”？天德即天理也。今谓知得是便行将去到底，知得不是便除去到底，而不用学问思辨笃行之功，未免或非良知。

【45】舜臣窃谓：“正应事时，操存此心在身上作主宰，随处体认吾心身天理，真知觉得吾心身生生之理气，所以与天地宇宙生生之理气吻合为一体者，流动于腔子，形见于四体，被及于人物，遇父子则此生生天理为亲，遇君臣则此生生天理为义，遇师弟则此生生天理为敬，遇兄弟则此生生天理为序，遇夫妇则此生生天理为别，遇朋友则此生生天理为信，在处常则此生生天理为经，在处变则此生生天理为权。以至家国天下、华夷四表、莅官行法、班朝治军、万事万物、远近巨细，无往而非吾心身生生之理气。根本于中而发见于外，名虽有异，而只是一个生生理气，随感顺应、散殊见分焉耳，而实非有二也。即此便是义以方外之功，即此便是物来顺应之道，而所行天下之达道者在是。未审是否？”

如此推得好。随处体认以下，至实非有二也，皆是。可见未应事时只一理，及应事时才万殊，《中庸》所谓“溥博渊泉而时出之”正谓此，后儒都不知不信，若大公顺应敬直义方，皆合一道理。宜通上章细玩之，体用一原。

【46】一友问："察见天理，恐言于初学难为下手。"冲答曰："夫子之设科也，中道而立，能者从之。天理二字，是就人所元有者指出，以为学者立的耳，使人诚有志于此，而日加体认之功，便须有见；若其不能见者，不是志欠真切，便是习心障蔽。知是志欠真切，只须责志；知为习心障蔽，亦只责志，即习心便消而天理见矣。"

天理二字，人人固有，非由外铄，不为尧存，不为桀亡，故人皆可以为尧舜，途之人可以为禹者，同有此耳。故途之人之心，即禹之心；禹之心，即尧舜之心；总是一心，更无二心。盖天地一而已矣，《记》云："人者，天地之心也。"天地古今宇宙内，只同此一个心，岂有二乎？初学之与圣人同此心，同此一个天理，虽欲强无之又不得。有时见孺子入井、见饿殍、过宗朝、到墟墓、见君子，与夫夜气之息、平旦之气，不知不觉萌动出来，遏他又遏不得。有时志不立，习心蔽障，又忽不见了，此时节盖心不存故也，心若存时，自尔见前。唐人诗亦有理到处："终日觅不得，有时还自来。"须要得其门，所谓门者，勿忘、勿助之间便是中门也，得此中门，不患不见宗庙之美、百官之富，责志去习心是矣。先须要求此中门。

【47】冲尝与谦之诸友论事有应不去、处不下，还只打转心上，充拓其良知。知足以及之，则事无难处者矣。仲木云："事有应不去、处不下底，多牵带了私，不能致一。"

良知者何？天理是也，到见得天理，乃是良知，若不见得天理，只是空知，又安得良？这个天理之知，譬如一把火在心上，又如一面明镜在手上，随事随处，实时能照。故颜子有不善未尝不知，知之未尝复行，不待应不去、处不得，乃回头求良知也。其有如此者，即是功夫疏脱处。所以吾每每劝诸君终日终身体认天理也，天理即是德性之知。

【48】叔禾又曰："或问人情得其理则平，断狱者所以求其理也。然必先有以正己之情，而后能平人之情，如尺之分寸不明，固不足以度物之长短矣。孔子曰：'听讼，吾犹人也。'以其好恶之情无弗正也。然则欲亲民者，不可不先明德矣，而先生每曰：'明德亲民之功，浑成一片。'又曰：'凡事皆学也。'使人以事为学，不犹以物之长短而定吾尺之分寸乎？子路使子羔以社稷人民为学，而夫子斥之，则学与事先后较然矣。将使为子羔者何如而后可？"愚应之曰："夫谓明德亲民之功为一致者，非谓可以概施而无序也。盖谓明明德者，必于亲民乎见之，而亲民也者，乃所以明德也。然明德有浅深，而亲民有远近，是故以身对家而言，家则近矣；以之对国而言，国则远矣；以之对天下而言，天下则又远矣。君子之论学也，有曰'入则孝，出则弟'者，语乎其近者也；有曰'授之以政，使于四方'者，语乎其远者也，斯二者，皆亲民之事也，而其势固有远近，其功固有难易也。是故谓明德者必明然坐于一室之中，存心养性数十年，而后推以亲民，固不可；谓使少年质美之人不涉世故，而一旦置之民社之上，求其亲民，亦不可。为子羔者，使之修于家、群于学校，其识见精明，操守坚定，而后授之以政，斯裕如矣。是于亲民虽有远近先后之分，而于明德实未尝不一致也。"

非以物之长短定吾尺之分寸也，乃以吾尺之尺寸定物之长短也。孟子曰："物皆然，心为甚。是非之心，人皆有之。"此便是良知，此便是本体。人心即是尺，以不明，故失其分寸耳，若顷刻心存时，则顷刻便中正，而顷刻分寸便明白。君是刑官，请以刑言。如问刑者，不问其人之富贵贫贱，而惟吾心之公是公非察之，则心何有不中正？何曲直不能断？更不须问人讨尺寸也。若以人之富贵而避嫌，或其贪利贿，则此避嫌贪利之心便不中正了，便差了分寸，岂不是心事一致？吾契所谓亲民虽有远近先后之分，而于明德实未尝不一致者，是矣。然亲民固家国天下远近，然亲之者，此心耳。故大学齐家章曰辟、曰好恶，于治国章曰心诚求之、曰仁、曰让、曰贪戾、曰恕、曰暴，于平天下章亦曰孝弟慈、曰洁矩、曰好恶、曰辟、曰忠信、曰仁、曰义，无非心上管摄了，岂不是一致？其孔子不许子羔者，盖其少年初学，力未足以胜之，又季氏家臣，皆颜、闵诸人所不屑也。

【49】或问："理义之悦我心。"冲答曰："先生已改'在物为理'一句为'在心为理'，但人心有感处，便是事，亦便是物。凡遇感，合下有一条理以处之，就吾心条理而言，谓之理；就条理以处事物而言，谓之义。一感一应之间，而理义形焉，皆在我心而不在物也。若无一毫私意参杂其间，则不习无不利，何悦如之。是否？"

在心为理，处物为义，体用之谓也。若如道通所云："有感为事为物，有条理以处之即是义也。"如此当时更不须说理字。以理义并言，便有体用，理乃是浑然一点至公的心，义便是粲然一点制宜的心，只是一心，但有体用耳。

（以上数条出自《全集卷六十七·新泉问辨录》）

【50】日昨孚先以长至在迩，作饭会。席间因讲复其见天地之心，冲谓诸友云："人心本自坦坦平平，即所谓天地之心，不待复而后见也。圣人见人多迷而不复，恐其灭绝天理，不得已又就其复处指点出来，欲令人便循着扩充将去也。吾辈若能守得平坦之心常在，即不消言复，只怕无端又生出别念来耳。故颜子'克己'，只是不容他躯壳上起念。"诸友以为然，如何？

冬至一阳初动，所谓来复时也。天地之心，何时不在？特于动复时见耳。人心一念萌动，即是初心，无有不善，如孟子乍见孺子将入于井，便有怵惕恻隐之心，乍见处亦是初心复时也。人之良心何尝不在？特于初动时见耳，若到纳交要誉恶其声时，便不是本来初心了，故孟子欲人就于初动处扩充涵养，以保四海。若识得此一点初心、真心便是天理，由此平平坦坦持养将去可也。若夫“不消言复”一语，恐未是初学者事，虽颜子亦未如此道。颜子犹不远复，毋高论，要力行实地有益耳。

【51】若愚问：“《中庸》‘尊德性、道问学’一章，朱子以存心致知言之，而未及力行者，厥义维何？”

后世儒者就行字别了，皆以施为班布者为行，殊不知行在一念之间耳。自一念之存存，以至于事为之施布，皆行也，且事为施布岂非一念为之乎？所谓存心即行也。

【52】孟源问：“向在嘉会所，曾与朋友论‘心外无事、心外无物、心外无理’，源谓此三语者，盖言心即事、心即物、心即理也。子思曰：‘诚者，物之终始，不诚无物。’是言诚即物也；孟子曰：‘万物皆备于我。’是言我一物也，是天地万物一体者也，学者识此意，即无分彼此、内外、动静，一以贯之诚是也。苟未能然，必常因其所发而加困勉之功，必格物、必穷理，即功夫始有实地也。又所谓物，非若后儒漫指天下之物之谓也；源所谓理，非若后儒所云在物为理之谓也。要皆本于吾心，如吾心发一念事亲，即亲为一物；发一念事君，即君为一物也。必尽吾心以孝其亲，尽吾心以忠其君，是所谓得其理矣。使吾心容有未尽，是君亲之物未格而忠孝之亏矣。以此例之，万事万物，莫不皆然。窃意子思、孟子所谓，乃诚者之事，源所谓‘发处用功’，乃诚之者之事。但功夫

有生熟，固造诣有安勉耳，则亦不害其为体用一原、内外一道也。未知当否？”

所言“心外无事、心外无物、心外无理”三句无病。又云“心即事、心即物、心即理”，似欠明。又云“一念事亲事君即为物，非若后儒指天下之物为物”，则又似以万物在心之外，是心外有物矣。不若大其心，包天地万物而与之一体，则夫一念之发，以至天下之物，无不在内。而以其浑沦，则理在天地万物；以其散殊，则理在事亲君之间。即心而事物在，即事而理在，乃为完全也。如是体认，不亦可乎！诚者、诚之者无不同条共贯，有生熟，无彼此。

（以上数条出自《全集卷六十八·新泉问辨录》）

【53】良知事亦不可不理会。观小儿无不知爱亲敬兄，固是常理，然亦有时喜怒不得其正，恃爱打詈其父母，紾兄之臂而夺之食者，岂得为良知？不可全倚靠他见成的，亦须要教。故古人在胎中已有教，始生至孩提以往，皆有教有学以扩之。孟子为此言，不过提出人初心一点真切处，欲人即此涵养扩充之耳，故下文曰“达之天下”。达者，涵养扩充之谓也。学、问、思、辨、笃行皆是涵养扩充功夫。今说致良知，以为是是非非，人人皆有，知其是则极力行之，知其非则极力去之，而途中童子皆能致之，不须学问思辨笃行之功，则岂不害道？子等慎之。若云致良知亦用学问思辨笃行之功，则吾敢不服。

（《全集卷六十九·新泉问辨录》）

【54】方瓘问：“心体天地万物而不遗，以为体也者，体也，犹体乎四肢百体也，与之为一，流通而无间也。故手足痿痹谓之不仁，以其不流通也。”

此段说体字意义亲切。

【55】心也者，与天地万物一体者也，是故随时随处化化生生，无非此心之充塞，是故无物而不流通也，无时而不流通也。故夫子逝川之叹，子思鸢鱼之察，周子之窗草不除，程子之吟风弄月，张子之听驴鸣，是皆本体自然流通之着见也。圣人无往而不流通，在此则流通于此，在彼则流通于彼，活泼泼地随处融彻，与见在天地万物只是一片，不分彼此，随寂随感，随感随寂，而流通之妙，无往不在。是以物各付物而我无容力焉，更无内外、动静、人己之分，是盖与宇宙为一，无往而非鸢鱼草木风月之活泼也，特举此以见其余耳，其溥博渊泉之蕴，是可以言语尽耶？

此段体认心体万物处好。

【56】此体流通，本是自然，加一毫意思也不得，减一毫意思也不得，必须调停此心，勿忘勿助，认取其自然之机，斯得之矣。

真妙处正在此间。

【57】今乃不求之勿忘勿助之间，而专以提省为事，作弄精神、策励意气、劳劳攘攘，未免涉于意必固我之私、憧憧往来之扰，判物我外内为二本，自与天地不相似矣。且心之本体，如万顷寒潭，静风平浪，自与天地万物相安为一，物各付物，行所无事，更不可容一物于其间也，若着些提醒意思，起一毫风波，则寒潭万顷一齐骚动，而此心之体安能如止水之澄清，而与天光云影共徘徊乎？故程子云："言体天地之化，已剩一体字。"又云："越着意，越把捉不定。"又云："以敬直内则便不直矣。"盖言本体自然，不可着纤毫人力，才着便不是矣。象山所谓："才警策，便与天地相似。"盖象山所见甚高，而为己工夫又真切，是以才一警觉，心便超脱，故有见夫天理，但不能得此中正头路，而从事于勿忘勿助之间，存养将去，是以三截两截，或过或不及，终未至于内外终始之

合一也。观其涵养气象，与孔、颜、濂溪、明道自有别矣。

看得亦是。

【58】人也者，天地之气也；心也者，天地之气之精也。可见天下无一而非吾之心，则无一而非吾之事，心事非二也，一以贯之者也。心存则天理跃如，而事至物来，无非此理之流行而顺应之矣，又何假于思虑、待于布置哉？所谓“中立而和发焉”是也，不识然否？

人若不识心，只在腔子里求以为本心，而外事以为心，则远矣，只是一气，不分天地与人物。云“人者天地之气”，未莹，与《记》云“人者天地之心”不同，更思之。所谓“心存则天理跃如，流行顺应，何假于思虑”，熟后则有此理，吾子今去此地位尚远，然不可不知此气象也。更善养之。

【59】省曾问：“心犹一池清水，天理犹水中天日之影，若忘却如去了水一般，天日如何得见？助却如时时添水，增长激撼，波澜摇动，天日虽在，不过依希罔象，何能的见？必须澄潭皎洁，乃始天日了然。如此作喻，未知何如？”

池水天日犹是二物，不若以心如一池水，其清光即水之性，即如心之纯一，即天理；水能润泽万物，即天理之流行，万变万化，弥纶参赞之功用也。水在澄之以复其本性之清，心在定之以尽其本性之善。忘助便是坏性之端，勿忘勿助便是定性之要。

【60】显问：“吾心生生之理，与在宇宙间一也。吾能察识此体亲切，而涵养之使之充实，洗濯之使无夹杂，则形于四支，发于事业，周通于人物，莫非本体流行，而感应之妙，亦自有不期然者。大而天地变化、草木蕃，小而一事一物各安其所，何有走作？

何有窒碍？若稍有走作窒碍，犹是全体未见莹彻，更须循循磨炼，到得全体莹澈时，自是太公而顺应，内直而外方，而天下之道，万理万化，皆由是出。如此功夫亦自有着实处，庶不为空空之谈相轮也。何如？”

首一句最好，此体干涉最大，若察见而涵养之，以有诸己，则宇宙与我通一无二。宇宙在我，而宇宙之化即吾之化，天地万物位育亦是原来本体，无所加益矣，何等快活！

（以上数条出自《全集卷七十一·新泉问辩续录》）

【61】凤问：“程子曰：‘心要在腔子里。’这腔子有指其形体而言者，有指其理而言者，未知孰是？”

心何尝不在腔子里，但在于觉与不觉耳。此言亦似有内外，或记者之误也。

【62】问：“良知人人之所同然，小人之欲掩其不善，亦可以见良知之不昧矣，姑勿论焉可也。且有同志于圣人之学，而又同事而异见者，何也？如武王之伐纣革命，顺乎天而应乎人，其为良知之中正明矣。乃夷、齐之叩马而谏，饿于首阳，孔子以为求仁得仁，其良知良能之真切，亦自有不可诬者。是则良知之在圣人，固亦有不同乎？将以武王为中正，而夷、齐之学稍失之偏，故所见亦偏，则孔子谓之仁者，何也？”

良知岂不是人人之同然？但便须寻所知者何事。知得如孟子直指“人人爱亲敬长”这一点初心、真心、良心者可也，此即是天理。至于世间岂无纱兄之臂，德色诬语者乎？武王顺天应人，乃出于无我，乃知之中正，乃天理也。苏子谓“武王伐纣非圣人”，予曰：“此武王之所以圣也。”非圣人无我，不顾天下非议，做事不得。夷、齐叩马而谏，为便打量不过，便出于有我之私，其求仁亦是仁者见之谓之仁，非知之中正、仁之全体者也，非天理也。所谓这天理硬了，安得为良知？若谓以知觉为良知，则空矣。一章血脉，全在一“良”字、“达”字上，此孟子吃紧为人处，今日都孟浪看了，差之毫厘，谬以千里，其害岂小？前谒文公阙里，见汪得之宪副偶说出一句，云：“今日只说良知，如何不说良能？”予为之愕然。至于同事而异见者，不自求自得，如汉儒各守其专门之学，如人不知切于爱身，身有病痛，不肯博求明医，不知夫子焉不学，三人行必有我师之理耳。

（以上两条出自《全集卷七十三·新泉问辨续录》）

【63】元德问：“心，活物也，无无念之心；念，活机也，无可息之时。苟得其养，则为生生之仁，复其见天地之心，四端蔼然发见之初，若火之始然、泉之始达，直有沛乎四海，洋溢上下，而莫御之势。苟失其养，则不知痛痒之人，自暴自弃，若火之灭、泉之塞，即有不保妻子之患。是故周子不除窗草，张子爱观驴鸣，曰：‘与自家意思一般。’盖常欲心之生，不欲心之死，常欲得天之生意，不欲害天之生意也。是可易能哉？在积累涵养而已。故曰：‘养心莫善于寡欲，所欲不必沉溺，只有所向，便是欲。’大凡有所向者，情荡而动流，夫何以养生生之仁乎？动而无动，情而无情，斯可矣。动而无动，必有主也；情而无情，必有主也；其主何主也？在天为命，在人为性，《诗》云‘无声无臭’，《记》云‘所不睹不闻’，皆是物也。昼夜之故由是，造化之迹由是，语默寝息之变由是，生生之仁由是，蔼然之端由是，扩充之以至于位育之全，亦无不由是。自昼夜之故以至于位育之全，皆其形而下也，其无声无臭之体乃形而上也。上下同一形字，元非二物，但欲尽其形而下者，非得其形而上者为之主不可也；但欲慎动以养其静者，非得其不闻不睹之体为之主不可也；譬则欲植树木之根，以达于枝

叶花实者，非得天地元气之生意为之主不可也。《论语》曰：‘孝弟为仁之本。’本其所以生也；《孟子》曰：‘扩充四端。’在乎反求本心而尽之存之尔；《中庸》曰：‘洋洋乎如在其上，如在其左右。’只是诚之不可掩如此；程子曰：‘中者，天下之正道。出则不是，惟敬而无失，则所以中也。’颜子非礼之勿，以参前倚衡之体为之主也；尧、舜之兢兢业业，以允执厥中为之本也；文王之不遑暇食，以昊天出王游衍故也；成汤之昧爽丕显坐以待旦，以顾諟天之明命故也。因觉学者之所求不可遽及高远汗漫，惟是反己守约而正其本，在于无声无臭是已。自初学以至于圣人，自幼以至于老，自静居以至于应天下，皆同此定体，皆同此工夫，无一时而可息，无一时而可异。存是定体，由是常功，必将逐日逐月、逐事逐物，无不有感通之妙。至于感通之极，格于神明，光于四海，则体用大备，斯成人矣。”

要认得无声无臭，须是认得上天之载，体用隐显，一原无间。若只取无声无臭作深远题目看，便终无着实处。程明道亦云：“《中庸》言道，只消无声无臭四字，总括了多少。”又云：“《中庸》之语道，其本在于无声无臭，其用至于礼仪三百、威仪三千，自礼仪三百、威仪三千，复归于无声无臭，此言圣人心要处。”此数言切须理会，见得贯串，方是识心。

（《全集卷七十四 · 新泉问辩续录》）

【64】嘉靖戊子春，指挥杨恭等拥众寇京师东北，所至之地，焚毁掠劫财物，强壮者胁之使从行。初获三人，兵部皆以为当死。后予讯之，三人者皆胁从在内，其二人为日颇久，一人被胁一夜半日，然以令甲有“强盗聚至百人以上，不分曾否伤人，俱枭首示众”事例，不得不拟死罪。后遇四月恩例，世隆以为，此人所犯事既出于仓卒，情有类乎迫胁，虽于强盗聚至百人事例有碍，然令甲

之意，本谓原谋为盗者发，非谓良民在胁从者，况称未曾得财，其罪亦应末减，且贼党未尽，中间未免迫胁者多，若不原情定罪，不惟良民受戮者多，且风声传递，而益坚其从贼之意，其事非便。乃具白于大司寇胡晋庵先生，先生状上，得减死，编配山海从军。后桂总兵再获四十人，送刑部广西司，时闻此事，亦察其胁从凡二十人，俱得减死论。此事如何？

此议处甚是，此便是恻隐之心，此便是仁术，由此心扩而充之，可保四海矣。体认天理之功，何往而不得力。

（《全集卷七十六·金陵答问》）

【65】夫道无内外，内外一道也。心无动静，动静一心也。故知动静之皆心，则内外一，内外一，又何往而非道？合内外，混动静，则澄然无事，而后能止。《易》曰："艮其背，不获其身，行其庭，不见其人。"止之道也。夫不获其身，必有获也；不见其人，必有见也；言有主也，夫然后能止，故曰："知止而后有定。"夫苟至于有定，则动亦定，静亦定，而内外忘矣。故《传》曰："外物不接，内欲不萌。"言止之道也。夫物也者，邪也；欲也者，情之流也；接也者，交也，物交物也。夫人之有心，莫不有知觉，既有知觉，不能不动而为情。外物触其情而交焉，则不能不流，流而不息，莫知所止，不能反躬，天理灭矣。故不接也者，勿视、听、言、动之谓也。人之有形，不能无视、听、言、动也，在勿之而已。故终日酬应，而吾有主焉。故曰"不接"。非置其身心于无物之地，而后能静定也。夫苦热而求凉者，则有时而热矣；病渴而思沃者，则有时而渴矣；恶动以求静者，则有时而动矣。何者？动系于念，不系于事也。知此斯可以语性矣。故曰："性之德也，合内外之道。"是故与其习静以养动，不若慎动以养静；慎动以养静，不若动静以皆忘，时动时静，察见天理而存养之也。此仆

之所得于程子，而以自力者也。承下问，不得不尽其愚。

（《全集卷八·复王宜学内翰》）

【66】夫以虚无支离为道，皆非也。道不远人，安得虚无？何有支离？夫至虚者，心也，非性之体也。性无虚实，说甚灵耀？心具生理，故谓之性。性触物而发，故谓之情。发而中正，故谓之真情，否则伪矣。道也者，中正之理也。其情发于人伦日用，不失其中正焉，则道矣。故中正而天下之理得矣，天下之理得，而位育在其中矣。心性之失也，情流之也。情非流也，失其中正故流。惟君子立其中正，故情不流；情不流，故性不凿；性不凿，故虚实之体全。故曰：尽心之谓也。故待夜气而见，则旦昼必不然矣。旦昼不然，则有时而间矣。君子之学，莫若自强而不息，终身而不违，故旦昼皆夜气也。孟子曰："勿忘勿助"，其间中正处也。此正情复性之道也。更深体认，勿支离于文艺。

（《全集卷八·复郑启范进士》）

【67】人心如镜，应与未应，而廓然大公之体自如此，所谓条贯也。知此则动静皆定，体用一原，合内外之道也。但能随处体认，始知大公顺应，皆是中正本体，一以贯之矣。

（《全集卷九·答谢与规》）

【68】天理之在人心，虽百遇颠扑而不可磨灭，如精金遇烈火，虽百炼千炼不可销铄，非惟不可销铄，又愈炼而愈精。然非有道者主张之，则末学小子亦未能不失所守也。

（《全集卷九·启两淮巡按侍御洪峻之垣》）

【69】心浑全无初，感处即初，寂与感皆心之全体也。故颜子

之学只于几上念头上用功，平时只于有事而勿助勿忘，及感发时亦只如此，是谓随处体认，非待初心发乃用功也。复其见天地之心。

（《全集卷九·答洪峻之侍御之一》）

【70】人心之安，固是天理。然恶人亦且安心为不善，则安与不安，亦未可凭据，到了只还在勿忘勿助之间，心得其中正时，安即是天理矣。譬如明镜，方正者乃照得本相，歪镜、尘镜安得本相？

（《全集卷九·答洪峻之侍御之三》）

【71】夫人心无出入，亦无大小，其本体有一定故也。盖心无入，故无出，则心何以放在外，如鸡犬之为外物然也？惟其本体自寂自感，不动而能通，以人之私欲私意蔽之而不见，故似放于外耳。然则以日月之蔽于云雾，以为无日月可乎？不可也。心无小故无大，则何用放其心而大之，如物之可易而巨细然也？盖其心体本广大精微，为人私欲私意局之，故似乎小耳。然则以隙光而窥天，以为天小可乎？不可也。是故孟子所谓求放心，乃为失心者言之耳。邵子所谓心要放，乃为小其心者言之耳。至于其所谓尽心一言尽之矣，必有事而勿正、勿忘勿助之数言尽之矣。合内外，同大小，一以尽之矣。又何有于内外大小之偏弊，而用救偏补弊之功乎？是故能存心于勿忘勿助之间，则人欲彻去，天理长存，而寂然感通之体自在，何尝有放于外？广大精微之体自在，又何用放其心而后大？

（《全集卷九·答黄安□中丞》）

【72】圣人之学，心学也。如何谓心学？万事万物莫非心也。《记》曰："人者天地之心。"人如何谓天地之心？人与天地同一气，人之一呼一吸与天地之气相通为一气，便见是天地人合一处。

且如我越宣圣数千载，诸君、诸师长、诸生又与我相越数千里，我之心因何谒诚来拜宣圣之庙庭？尔诸师长、诸生之心，又因何翕然而来迎我？又不有所驱逼而来，又不是有为而来，盖以其此心同一个心，是以翕然感应耳。因此见得诸生之心即师长之心，诸师长之心即诸君之心，诸君之心即宣圣之心，宣圣之心即文、武、周公之心，文、武、周公之心即禹、汤、尧、舜之心，古今天下同此一心。何以言之？人者，天地之心也。天地与人同一气，气之精灵中正处即心，故天地无心，人即其心。如月在天，江河沚沼盘水皆是此一个月，以为江河沚沼盘水各是一个月，可乎？尔诸师长、诸生，且谓读书将作何用？盖书即是圣人心中说出话，故凡人读之使感发其同然之心，入乎耳，感乎心，蕴之为德行，发之为词章，施之为事业。主司读其词，知其德行，又知其它日施之为事业，亦必如此。

（《全集卷十二·泗州两学讲章》）

【73】何以谓之良知、良能？只看他孩提之童与其长，无不知爱亲敬兄之心，便是其良知、良能处。这个爱亲敬兄之良心似小，而系于仁义之盛德甚大。盖仁本于爱，爱莫先于爱亲，故亲亲即仁也；义本于敬，敬莫先于敬长，故敬长即义也。夫以其爱敬之一念，而便可以为仁义之大德，何耶？又不是见成的，又不是人人能如此的，虽童子亦有时打骂他父母者，及有时紾兄之臂而夺之食者，甚至又有爱己之亲而杀人之亲，敬己之兄而杀人之兄者，爱亲敬兄良知良能，岂便为仁义？亦在乎达之天下而已矣。必学问思辨以开其知，笃行以恒其知，知行并进，涵养以扩充之。由一念良知、良能之爱敬，以达于无所不爱敬。爱其亲以及人之亲，而天下无不爱之亲，则念念皆仁，仁之量可充满，而仁覆乎天下矣。敬其兄以及人之兄，而天下无不敬之兄，则念念皆义，义之量可充满，

而义覆乎天下矣。此则爱敬之极功，仁义之全体，而穷理尽性之事皆达之之功也。不能达之，则爱敬之体微，仁义之机窒，其为不仁不义者多矣，又安得为良知、良能？古之人以天下无性外之物，故老老、长长、幼幼，与及人之老、及人之长、及人之幼，皆作己性分内事。故良知、良能必达之天下而后为仁义也。若以良知、良能为成性，达之为无功，则天下如何有不孝不弟不慈之人乎？且所谓凡有四端于我者，知皆扩而充之，苟能充之，足以保四海，不能充之，不足以事父母者，何谓耶？《经》曰："孝弟之至，通于神明，光于四海。事父孝，故事天明；事母孝，故事地察；天地明察，神明彰矣。"皆由善自达之之所致耳。夫人之初生，莫不有一念之良知、良能，达之则为仁为义，不能达之则为不仁不义。不仁不义则不可以为人，不可以为子，不可以为人子，则入于禽兽之归矣，甚为可惧可哀。此其系于人道之大，与今世之为文章节气，求富贵利达者，不相干涉。

（《全集卷十二·韶州明经馆讲章》）

【74】中山子刘子携其侄浚来访予观光之馆，将归永丰，求赠言。甘泉子曰："予何言？然吾尝闻矣。学以入道为至，人以至圣为成，心以中立为要。心不中正，邪也，故曰：'思无邪。'故忘助皆邪思也。人不至圣，非成人也，故子路问成人。学不入道，犹不学也，故曰：'不践迹，亦不入于室。'入室也者，入道也。故欲求至圣者，必求入道；欲求入道者，必求中心；中心则斯道可见矣，入道则贤圣可几矣。是故至圣矣，中心要焉。昔者七十子三千之徒，皆学于孔子，才艺行义者，至不少也。患难流离，不违其师，固心悦而诚服之，彼岂皆不自以为得道者哉？子贡乃曰：'得其门而入者或寡矣。'然则入道至圣，其必有门矣乎！不得其门，皆外望宫墙者也。故得其门而不至圣者有之矣，画也；不得其

门而能至圣者，未之有也，画而画也。今夫世之行一孝，则曰‘此道也’，行一弟，则亦曰‘此道也’，守一节义，则亦曰‘此道也’，其果可以至于圣乎？《易》曰：‘仁者见之谓之仁，智者见之谓之智，百姓日用而不知，故君子之道鲜矣。’中山子平日得趋庭，游于白沙，其必亦闻此也乎！于其归也，申以赠之，庶各自力，毋自画焉。中山子何以处我？”嘉靖五年十一月十五日

（《全集卷十九·送刘中山还永丰小序》）

【75】《记》曰：“人者，天地之心。”心出于天，天无内外，心亦无内外。有内外，非心也，非心也者，不足以合天也。是故或失则内焉，或失则外焉。或失则过焉，或失则不及焉。内与外离而不全，有存焉者寡矣。过与不及，背驰而愈远，则禽兽夷狄之祸至矣。惟圣人之心同天，故能中天地、普万物、包宇宙，而极其至。贤者希之，众人离之，不有所过，则有所不及焉；不有所甚过，则有所甚不及焉。过生于偏内，不及生于偏外。甚过生于过，甚不及生于不及。甚不及而外则墨氏之兼爱也，甚过而内则杨氏之为我也。为我无君，兼爱无父，无父无君，禽兽也。夫杨氏学义，墨氏学仁，而至于禽兽者，岂其本心然哉？《易》曰：“臣弑其君，子弑其父，非一朝一夕之故，其所由来者渐矣。”故心法不可不讲也。夫无内外者，心之本体与物一也。内则离物，离物则高，高则虚，虚则寂灭窈冥之说兴，后之释、老则杨氏之流也。外则滞物，滞物则卑，卑则暗，暗则功利刑名之说兴，后之管、商则墨氏之流也。夫心也者，体天地万物而不遗者也；性也者，天地万物一体者也。心也者，与人俱生者也；性也者，与心俱生者也。人生则心生，心生则性生，故性之为义，从心生者也。夫心至静而应，至动而神，至寂而虚，至感而通，至远而不可御，包乎天地万物之外，而贯乎天地万物之中，中外非二也。人者天之生理也，心者人

之生理也，性者心之生理也，道者性之生理也，天不能不生人，人不能不生心，心不能不生性，性不能不生道。故道与天地同用，性与天地同体，心与天地同神，人与天地同塞。心也者，其天人之主而性道之门也。故心不可以不存也，一存而四者立矣，故能为天地立心。心法者，存其心之法也，夫心自我有之，自我存之，师不能以授之于弟子，弟子不能以受之于其师，孰传而孰受之？故传者非传心也，传心之法也。夫中庸何为者也？程子曰："孔门心法也。"其始也，须臾不离，道至约矣；不睹不闻，戒惧至矣；隐微慎独，纯其精矣；大本达道，中和一矣。其卒也，暗然日章，不外慕矣；淡简以温，近自微矣；内省无恶，潜伏昭矣；不动不言，敬信恒矣；不显笃恭，怀明德矣；无声无臭，天道彰矣。若是乎主于内而离物者矣，岂其心之本体也乎？然而求之不见其过也。其中也，夫妇能知，人伦备矣；天地鸢鱼，上下察矣；体物不遗，鬼神盛矣；五达九经，天下政矣；尽人尽物，化育参矣；博厚高明，覆载成矣；三千三百，万物育矣；制礼作乐，文同度矣；天时水土，不害悖矣；经纶化育，浩其天矣。若是乎主于外，而滞物者矣，岂其心之本体也乎？然而求之不见其不及也。子曰："道之不明不行也，我知之矣。知者贤者过之，愚不肖者不及也。"曰："此《中庸》之指乎！无过不及，其《中庸》之心法乎！心包乎事物之外，事物行乎心之中，内外合矣。此其法也。故无内无外，无过无不及，无助无忘，则一矣。"曰："心自有而自存之，何有于法？"曰："夫公输子不授人以规矩，则方圆不传；师旷不授人以六律，则五音不传。夫六律，五音之法也；规矩，方圆之法也。昔者孔子论仁、论敬、禁意必固我，非语内而遗外也。论政、论治、论事君亲、论天地鬼神礼乐事物，非语外而遗内也。及谓师也过，商也不及，过犹不及，曰'吾道一以贯之'，而后内外之合一，而心法见矣。噫！此中庸之本指乎！斯理也，子思得诸孔子，孔子得诸文、武、周公，文、武、周公得诸成汤，成汤得诸禹，禹受诸舜，舜受诸尧，曰‘允执厥中’，舜亦曰‘允执厥中’，中，其心之法也。其授禹曰‘惟精惟一’，精，其无过不及也；一，其至也。无过不及所以归于一至也。是又执中之法也。其在成汤，亦曰‘执中’，文、武、周公亦曰‘建极’，极亦中也。子思传之孟轲，轲亦曰：‘杨子取为我，墨子取兼爱，子莫执中。执中无权，犹执一也。’孟子者之心，其通于法乎！夫八圣二贤，相授一法，其在兹乎！其在兹乎！《易》曰：‘夫大人者，与天地合其德，与日月合其明，与四时合其序，与鬼神合其吉凶。先天而天弗违，后天而奉天时，天且弗违，而况于人乎！况于鬼神乎！’此合内外之道也，大哉中庸，斯其至矣。”癸未

（《全集卷三十一·孔门传授心法论都察院考满》）

【76】性者，天地万物一体者也，浑然宇宙，其气同也；心也者，体天地万物而不遗者也。性也者，心之生理也，心性非二也。譬之谷焉，具生意而未发，未发故浑然而不可见。及其发也，恻隐、羞恶、辞让、是非萌焉，仁义礼智自此焉始分矣，故谓之四端。端也者，始也，良心发见之始也。是故始之敬者，戒惧慎独以养其中也，中立而和发焉，万事万化自此焉达，而位育不外是矣。故位育非有加也，全而归之者耳。终之敬者，即始之敬而不息焉者也。曰：“何以小圈？”曰：“心无所不贯也。”“何以大圈？”曰：“心无所不包也。包与贯实非二也，故心也者，包乎天地万物之外，而贯乎天地万物之中者也。中外非二也，天地无内外，心亦无内外，极言之耳矣。故谓内为本心，而外天地万事以为心者，小之为心也甚矣。”

（《全集卷三十二·心性图说》）

卷三　为　学 凡八十八条

导读：湛若水所讲的为学是指为己之学，而不是为人之学。为己之学所学的并不是一种知性意义上的知识，也不是某种技能性的能力，而是一种关乎德性人格的知识，即所谓成己成人的大人之学。这种知识关键不在于“知道”，而是要把“知道的”落实到日常生活中。湛若水重视格物致知的工夫，不过他认为自己所讲的致知工夫并不是朱熹意义上的穷索之知，而是一种扣紧本心涵养的明睿之知。同时，他认为经典是圣人精神命脉所发，涵泳经典必能感古圣人之言而启发我之知，故湛若水非常强调读书（学、问、思、辨）对成就一个人的德性人格的作用。而他本人也对很多儒家的经典进行注疏，这也是对陈献章“六经糟粕”论所可能造成的误解与流弊的一种纠偏。

【1】善思者如井，井不迁而泉至。故思不出其位，善思者夫。

【2】甘泉子语杨生曰：“而知博约之义乎？观蜜之采采，则知博文矣。观蜜之酿而成，则知约礼矣。今之儒者，强记而冥行，其诸异乎颜氏之子之博约矣。”或曰：“博约拟诸采酿，尽矣乎？”曰：“否。夫彼，外物也。若夫博之，博我也，约之，约我也。我自有之也，乌乎外？”

【3】或曰："请学何学？"曰："其《大学》乎！"曰："有要乎？"曰："有，止至善为要。"曰："何先？"曰："先知止而后定静安虑，是故以言乎止至善之功，至矣；以言乎天下国家之大，斯其要矣。故曰：'在格物。'物格而家国天下无余蕴矣，至矣，尽矣。其旨也微乎！"

【4】杨仕鸣问："学存诸心矣，必求以养之者何？"甘泉子曰："夫性根于中，其人之元气乎！其草木之根乎！人之元气必谷肉之气以养之，草木之根必培灌以养之。故天之生物也，鼓之雷霆，润之风雨，其养之者与其元气一也。况人之义理根于性，不学焉则息，息则不能生。生生不已，以至于光大也。故义理无内外。"

【5】陈公赞曰："闭关孰与亲师友也乎？其自闭也乎？"甘泉子曰："然。古之人有病离索矣，尚师友于典籍。今夫有师友而不知亲焉，自闭也孰其甚焉！是故师友者，可以知，可以养。讲习，知也；相观，养也。周子曰：'道义由师友有之。'可不重乎？"

【6】甘泉子叹曰："道之不明，学之废也。先诸小学。"或曰："迈矣，为之奈何？"甘泉子曰："有一言可以兼之者，曰：'执事敬。'"

【7】陈生、杨生、冯生侍坐。甘泉子喟然叹曰："古之学者学诸海，今之学者学诸山。"曰："何谓学山？"曰："学山者自高，故土或倾焉。""何谓学海？"曰："学海者自卑，故流必满焉。是故山有日损，海有日益，知损益之大，可与语学矣。"

【8】古训者，其圣人之精乎！其犹之规矩矣。以规发圆，以矩

发方，以精发精。规不规，矩不矩，远于聪明之巧矣。故学则聪明日生，不学则聪明日窒。古训者，圣人天聪明之蕴也。彼杨、墨、释、老者，各任其私知，不讲于古训之疾欤！孟子曰：“公输子之巧，不以规矩，不能成方圆。规矩，方圆之至也；圣人，人伦之至也。”

【9】或曰：“学必由中出矣。”甘泉子曰：“何往非中矣？心体物而不遗，故无外。无外安有中？故有外之心，不足以尽性。夫惟尧之心光被四表矣，故心也者，无远近，无内外。”

【10】士德曰：“曷谓学？”曰：“学也者，觉也。人之良知蔽于气习，故生而蒙，学问思辨所以发其蒙而觉之也，觉则复其良知之本体矣。如梦有觉之者，非外益之也。伊尹曰：‘天之生斯民也。使先知觉后知，先觉觉后觉。’”

【11】三子侍坐，问圣学。甘泉子曰：“夫学，性情焉耳矣。”敢问其说。曰：“不怨天，不尤人，孔子也。不迁怒，不贰过，颜子也。故知性情之学者，可与道中庸矣。是故下学上达，与天地相似，故同德。”

【12】诸生有言知，士德曰：“即行即知。”甘泉子曰：“子瞑目能履乎。故为学者如履路矣。视而行之，行而视之，知行并进，其进其深，优入圣域。”

【13】士德、公赞、仕鸣从游于云端之下，甘泉子问之曰：“子之游也，于本心何如？苟不迁焉，一游一息，无非养矣。学在多言乎哉？学问思辨焉，察其体而养之，守则贤，化则圣。”

【14】甘泉子曰："善治病者，先元气而后攻疾。养元气即攻疾矣，苟专于攻疾，是又一病也。善学道者，先正经而后救偏。正经即救偏矣，苟专于救偏，是又一偏也。今之救偏者，如立诸西以矫东之人，东西皆偏也。是故君子反经以立诸中，中道立而偏者正矣。"

【15】天下之病二，骄、吝而已矣。骄、吝亡，然后可以合于道。弘则不吝，毅则不骄。谓骄为毅，奚啻千里！

【16】启范请学，甘泉子曰："执事敬，其内外一本之道乎！"问敬。曰："主一。"问主一。曰："无适。"问无适。曰："无物。是故君子应万事而不与，故能一。"

【17】问薛尚谦："圣贤之学同乎？否也？"尚谦曰："有安勉。"曰："有圣人之学矣，有贤人之学矣。圣人，先天之学也；贤人，后天之学也。圣人先于立诚，故拟之于乾，贤人先于修存，故拟之于坤。乾知大始，其德乎！坤作成物，其业乎！德业合，斯可配天地。"

【18】语钟景星、陈谟、郭肇乾、黎玺曰："汝知学之要乎？"曰："请问焉。"曰："其洒而落之乎！"曰："孰谓洒落？"曰："其廓清乎！美或窒焉，恶或窒焉，不廓清之，不足以入道。"

（以上数条出自《全集卷一·樵语》）

【19】学者造乎其自然者，自然则无事矣。日月之盈亏，昼夜明晦，寒暑之往来，孰或使之？孰或止之？其自然者有不得已乎！

【20】惟学逊志，虚者受善之原；玩物丧志，塞者陷恶之端。

【21】士有三品，富贵之事，君子非恶之，所愿不与焉。功名之事，君子非不愿之，所乐不与焉。君子所乐，道德而已。道德蕴于中，享之为富贵，施之为功名。是故富贵不离于道德，周公乐之也；功名不离于道德，伊、傅乐之也。

【22】学贵纯，不贵杂；学贵一，不贵二。纯者，一也；杂者，二也。一者，善而已矣；二者，恶以为对者也。故君子致一以纯之。

【23】学文而不失己者，善学者也，故己立而后可以学文。圣人之教也，游艺终焉尔。

【24】富贵福利者之于学也甘，贫贱患难者之于学也苦；苦之入也多固，甘之入也多坏。故贫贱患难之成也，难而易；富贵福利之成也，易而难。是以有志者不系乎难易之势也。

【25】学者譬如登山，坡平则易，不知其进也纡；顶峻则难，不知其进也锐；故大难则大进，小难则小进。

【26】人皆知学之益，而不知学之损，知学之损，则益矣。故多闻或令人昏，多辞或令人支，多艺或令人滞，多修或令人缪悠。非学之损，不得其本。有本则益，无本则惑，可不慎乎！

【27】涵养而知者，明睿也；问学而知者，穷索也。明睿之知，神在内也；穷索之知，明在外也。明睿者德性，德性则可以入圣矣；穷索者思虑，思虑则可以入贤矣。

【28】君子之学也，犹之锻金也，不炉不锤则金不精。事也者，学之炉锤也，不历事则仁不熟，不熟，仁之弃也。夫仁也者贵熟之。

【29】古之学也必本诸性情。故孔子之学曰“不怨天，不尤人”，颜子之学曰“不迁怒，不贰过”，其性情也乎！夫性情非遗于事物也，由是而贯之耳，是故性能达事，非事达性。

（以上数条出自《全集卷二·新论》）

【30】古者《小学》《大学》皆有书，《小学》是童子事，《大学》是大人事，二书皆未尝亡。《大学》尚是全书，杂于《戴记》，程子既表章之。惟《小学》书已残阙，散见于《礼记》诸篇中，未尝亡，但未有人选出复为一书耳。某常病朱文公作《小学》，杂取他书，既非古书之旧，又收邓攸诸人过中之行，又其有《明伦》等篇，皆已是大学之事。某常欲取《礼记》诸篇中有小学事者，类成《古小学》一书。

【31】“学问之道无他焉，求其放心而已。”此正是博学而详说之，将以反说约也。学问千绪万端，只是求此心而已。求心是至约处，既得此心，更有何事？若以求心便是学问之道，恐德孤了。不是博学、审问，使若江海之浸、膏泽之润，优游厌饫，终是信不及，思不明，心生疑。学问中悟方自得。

【32】看书只得文义晓然，即用以涵养，不可只以此讲论。试看自尧、舜至孔、孟，何曾讲书辩文义异同。

（以上数条出自《全集卷三·知新后语》）

【33】诸生为学，必先立志。如作室者，先固其基址乃可。志者，志于道也。立之是敬。匹夫不可夺志，不可夺乃是志，若其可夺，岂可谓之志？自始至终，皆是此一字。

【34】诸生进德修业，须分定程限，日以为常，每日鸡鸣而起，以寅、卯、辰三时诵书，以巳、午时看书，以未时作文，申、酉二时默坐思索，戌、亥二时温书。然此等大抵皆不可失了本领，通是涵养体认之意。如此持循，当月异而岁不同矣。

【35】诸生务以笃实为本，不可以文艺为先，周子谓“笃其实而艺者书之”。然实与艺亦非二事，且如作文写字时诚敬存焉，则何莫非本实也？存乎其人耳。

【36】诸生相聚，不可自是自高，无长幼之序，大不是道理。须虚心相下，非但礼当然，亦且受益。若恃一己之见，侈然不胜，其大遂至争辩尚气，尚何义理？愿诸生深戒之。

【37】诸生相处，务守长幼之节。不但徐行后长，至于讲论，长者之说或短，少者之见虽长，亦不可以智相先。《记》曰：“不辞让而对，非礼也。”何等忠厚！

【38】学子须先看《论语》，次《大学》，次《中庸》，次《孟子》，乃书之序也。读《论语》时如未曾见《论语》，读《大学》时如未曾见《大学》，《中庸》《孟子》亦然。忘其成心之私，去其习熟之旧，乃有向往之路，否则面前皆墙壁也。况又有迷心于传注之中者，如瓮鸡裈虱，安能有见？

【39】诸生读书时须调炼此心，正其心，平其气，如以镜照物，而镜不动，常炯炯地，是谓以我观书，方能心与书合一。孔子所谓“执事敬”，《中庸》所谓“合内外之道”，程子所谓“即此是学”，如此方望有进。若以读书主敬为两事，彼此相妨，别求置书册而静坐以为学，便是支离，终难凑泊。

【40】初学切于读书时调习此心，随心力所及。如读至一二行，稍觉心为所引，即停卷收敛，少俟有力再读。或有力足以胜之，或至三篇四篇不至失己，验知得力，渐渐接续习之，至于不息，亦从此始。其应事亦复如是。若舍书册、弃人事而习静，即是禅学，穷年卒岁，决无熟之理。如欲铁之精，不就炉锤，安可望精?

【41】初学习字，便学运笔以调习此心；习文便要澄思以蕴藉此心。久之，文字与心混合，内外皆妙。

【42】诸生读书，务令精熟本经、四书，又须随力旁通他经、性理、《史记》及《五伦书》，以开发知见。此知见非由外来也，乃吾德性之知，见书但能警发之耳。须务以明道为本，而绪余自成文章、举业。其仙、佛、庄、列诸书不可泛滥，以乱名教、坏心术、散精神。

（以上数条出自《全集卷五·大科书堂训》）

【43】潘子嘉问学。甘泉子曰：“在闻道。”问闻道。曰：“在立志。”问立志。曰：“必真知而后志立。志也者，其圣学之基乎！”问道。曰：“道，天理也，心之本体也。子能知本体之自然，则知道矣。”问自然。曰：“心之本体不假人力，故知勿忘勿助之间无所用力者，斯得之矣。”问忘助。曰：“忘助皆私心也。滞于物、胜于事，皆忘也；矜持、欲速，皆助也。”问勿忘勿助之

间。曰："无在不在也，中正而不息，易所谓存乎！"

【44】施宗道问："学当何先？"甘泉子曰："先识仁，否则何的乎！能与我心性之图者，其庶矣。"未达。曰："知斯图者，其天地万物之同体矣。是故宇宙之内，一而已矣。夫然后能知性。"

【45】余胤绪问学之不进。甘泉子曰："中有物也。有物则梗，梗则滞，今之功名利达，其学之大梗也与！"

【46】或问："学不当以仕为心与？"甘泉子曰："仕学非二也。以为心则不可矣，以仕为非，非也。知得不得之有命，则妄心息矣。妄心息然后可以语道。"

【47】诸生会鸡鸣寺，甘泉子谓之曰："朋友讲习惟以辅仁，学之大也。如彼两磨，比比相戛，而道斯出矣。不必同，不同斯辨，辨斯明，虚心忘己，乃并受益。"

【48】门人问："前言往行，弗学可乎？"甘泉子曰："否。夫子之告子张也，多所闻以去吾疑也，多所见以去吾殆也。触乎外，默识于中，不疑，斯有见矣；不殆，斯有获矣。自此以往，慎言慎行，令有诸己焉耳矣。"

【49】甘泉子曰："夫学为心也，学于古训，觉其心而已矣。彼徒记诵其言与行而已矣，岂学云乎哉！"

【50】甘泉子曰："圣贤之学始终乎志焉尔，有顷志弗存焉，则天理灭矣。故曰'志于道'，曰'志于仁'，曰'志于学'。志也

者，以言乎其所之也，非虚也。《春秋传》曰：‘吾志其目。’”

【51】甘泉子曰：“夫学而知所疑也。学之进也，如行路然，行而后见多岐，见多岐而后择所从，知择所从者，进乎行者也。”

【52】管登问：“学、问、思、辨、笃行有先后与？”甘泉子曰：“五者皆一心，何先何后？古训之学也，师友之讲论也，日用之应酬也，即知即行，夫是之谓学。若必读尽天下之书，穷尽天下之理，而后力行焉，不亦二矣乎？”

【53】或问：“学何贵？”甘泉子曰：“学贵疑，疑斯辨，辨斯得矣。故学也者，觉此者也。”

【54】罗胤凯问：“学须静也，何如？”甘泉子曰：“心无时而不动矣，是故常知常觉。知觉而存存焉，体用一矣。静而已焉，将不至于死灰乎？故戒慎恐惧，何莫而非动也！”

【55】或问：“在昔皋、夔、稷、契何书可读？所学问者何事也？”甘泉子曰：“子岂不闻三坟五典乎？今也或亡之矣。奚直书尔，君臣朋友之间，朝夕讲明之者，安往而非精一之学？”

【56】陈应期偕施宗道问学。甘泉子曰：“学莫先于立心，心立而后可与论学，学可以养心。”

【57】甘泉子曰：“学莫先于立志矣。夫子之志学以至从心，皆一志也。立志而后学、问、思、辨、笃行焉以成之。”门人曰：“人之诋毁，事势之颠踬也，则如之何？”曰：“患志不立耳。志

立者，其譬诸固本之木矣乎！雨露养之，霜雪亦养之，罹霜雪而摧败者，本可知矣。夫诋毁颠踬也者，其坚志之助也。故曰：‘匹夫不可夺志。’”

【58】陈应期问：“学而时习，何谓也？”甘泉子曰：“学其觉也，觉其心之神明也，神明之昏，习心蔽之耳。及其感于简策，警于人言，本然之觉，如寐者之唤，寤而神全焉，知斯至矣。时而存习焉，行斯至矣。悦焉，乐焉，君子焉，其皆本于此乎。”

【59】甘泉子曰：“虚者，其学之本乎！夫器之容物，以中虚也。故学在澄其心，澄心然后能虚，虚然后能受益。《易》曰：‘君子以虚受人。’”

【60】甘泉子曰：“学莫要于礼矣，学礼则心存，心存则德性有所养。”

【61】或问博约。甘泉子曰：“其学之一致者与！非既博而后约之也。”未达。曰：“知博而存约。”

【62】甘泉子曰：“学莫大于辨志矣。志于道焉，富贵功名皆化而之道，古之人有居之者，周公是也。是故功名也者，非圣人之所弃也；富贵也者，非圣人之所恶也。不志乎道则二者皆私而已尔，又何足以与议？”

【63】甘泉子曰：“学者之始也，其犹入诸暗室矣乎！少间，斯有见矣，久之久之，斯无所不见矣。故先难而后易。”

（以上数条出自《全集卷六·雍语》）

【64】周孚先论读书，徐最谓："读书时，心如明镜，照之而已。"孚先云："此顺万事而无情也，谓不以己意着之也。窃恐读书时，还须身心俱到书上，方看得一段道理出来，若只如明镜照之而已，未免有悠悠不切、草草不精之弊。"

吾示学诗正说读书一事，可玩。此事最难，亦最紧要，此事通了，事事皆通，若此事不通，则事事皆窒，故吾于此务要人打通这关，方有入头，心事合一处也。诗云："方其未读时，天君自俨如。及其对书册，万象涵太虚。是谓以我观，勿以此丧志。"以镜照物，则妍媸自见，譬如以太虚涵万象。若一一着在书册上，是以镜掩在物上，又安得虚明？又安得照？

【65】学者功夫要见大，大者既立，而小者不能外矣。子夏曰："大德不逾闲，小德出入可也。"若拘拘于末节，而于吾心大本全无所见，虽小节事事中虑而已，不谓之闻道矣。今之学者，多持此以律人，郡窃以为与其笃信谨守，而规模卑狭，不若见大，心泰而意思广远者之为优也。未知是否？

学者须先见大，所谓大者，天理是也。然大德若不逾闲，则小德出入便中道，大德敦化，则小德便川流，知崇礼卑，原是一事，盖理无大小，卑崇故也，不可偏着。虽然，又随人气质所用不同，若吾民止多用弘大崇高之意，不讲。吾意谓天理正要在此岐路上辩，辩了便可泰然行去，不至差毫厘而谬千里也。儒者在察天理，佛者反以天理为障。圣人之学，至大至公；释者之学，至私至小；大小公私，足以辩之矣。昨潘稽勋、石武选亦尝问此，吾应之曰："圣人以天地万物为体，即以身在天地万物看，何等廓然大公，焉得一毫私意，凡私皆从一身上起念，圣人自无此，以自无意、必、固、我之私。若佛者务去六根六尘，根尘指耳、目、口、鼻等为言，然皆天之所以与我，不能无者，而务去之，即己之一身亦奈何不得，不免有意、必、固、我之私，犹强谓之无我耳，何等私小！”二子闻言即悟，叹今日乃知如此，先正本未尝言到。

（以上两条出自《全集卷六十七·新泉问辨录》）

【66】若愚尝思读书法矣，心不在书，虽蚤夜研穷，恐无自得之益。心专在书，则心滞于一，难免玩物之失，不知如之何其可也？朱子曰：“读书须是虚心切己。”不知心何由虚？己何由切？幸夫子发明之。

所问读书之法，心不在则无自得，心在则滞于一，此足见体认之功，乃切问也。盖人心之于事物，其病有二：只是一忘一助而已。惟读书时，无在而无不在，即是勿忘勿助之间，便须自得。自得者，得自我也，非得于书也。因书以警发耳。文公所云“切己虚心”，亦正如此。切己者，恐不虚心；虚心者，又恐不切己，惟中间是正当处。凡应事接物，亦复如是。

【67】冲问：“知言养气是一套事也，集义以养气，似忠信进德之事，知言则有修辞立诚之意焉，但知言兼人己，是否？”

不必将《易》二句来体贴，立言各有端绪。知言养气是孟子之学紧要处，程子曰：“知言即是知道。”最好。由是言之，“知言”是知所有，“养气”是养所有；“知言”非谓能观人，能观人是成德之事，“知言”是为学之事。“知言”者，因人之言而警发吾之心，故因诐淫邪遁之辞，而知其必有以蔽陷离穷乎我心也，是所谓警发吾心之良知，即知道矣，非知所有乎？由是而必有事焉，而勿正心，勿忘勿助长，是养其志气，非养所有乎？知兼人己一语得之。

【68】冲尝见学者多言：“圣贤言语句句是疗病之药，须是博览牢记在心，遇一病发，即疗以药。”冲戏谓之曰：“安能得此宽

大肚子，盛受此许多药柤。”或曰：“然则学于古训，非与？”冲曰：“乌乎非也！圣贤之言，诚疗病药石也；随服随疗，病去则已；若服过多，则反耗元气。君必欲多带药物以防病发，则请增以一方。晦翁曰：‘知得如此是病，便不如此是药。’此方可以疗万病矣。”此意如何？

今时学者多是此见解，殊不知如此欲以疗病，乃反添一病也，纵有如许大肚载药柤，又反是一大病也。学于古训，古训岂可不学？但古人学与今人别。学者，觉也，古训者，圣人之心也。学之所以觉我之心也，我之心即圣人之心，觉了便不须留心，最是用药之气，以疗吾之元气而不用柤也。若元气好时，中和之药亦不妨多，心在则古训之学亦不妨多，子不闻“君子多识前言往行，以畜其德”乎？

【69】葛洞尝问：“《易》曰：‘君子多识前言往行，以畜其德。’何谓也？”冲答曰：“君子以畜德为本，而前言往行，皆培壅灌溉之资，兼有扶植防护之意，亦犹病愈则已之说也。昔人有读书不求记与不求甚解者，此最得读书之法，须知不求记与不求甚解之时，有何作用始得。”洞又问：“所谓作用者何意？”冲只令渠自悟。何如？

德者，我之德性也，非得之于前言往行也；因前言往行以开发乎我、培灌乎我，如种树然，必根于心乃可。故吾尝谓：“根立而不灌焉者，死矣；根不立而灌焉者，死矣。”多识前言往行以畜其德者，正谓如此。识者，知识也，入乎耳、感乎心也。若读为去声，则是识记也，则是后世记诵之学也，何关于德？

（以上数条出自《全集卷六十八·新泉问辨录》）

【70】津问：“为学紧要是克己，克己莫善于养知，何也？知

是心之本体，本体常觉，已安从生？已私之生，缘不自觉也，然亦却自有发见不可泯灭时，如乍见孺子入井恻隐之类，乃良知也。只要知皆扩而充之，扩充不息，即本体愈自精明，一有私意，即便知觉，自然容它不得，所以颜子有不善未尝不知，知之未尝复行，功夫全在养知上用。然乎否也？”

恻隐之类，乃良知也，本体知觉，非良知也。所谓养知，非是只养他这一点灵觉知识，乃养其所知之实理，程子曰：“养知莫善于寡欲。”欲乃害天理者也，克己即所谓寡欲也，而吾子以“克己莫善于养知”，盖有间矣，识得此理，扩充之功在学。

【71】或问：“克己养知，与随处体认天理，一乎？”津曰：“一也。心体本是天理，本自知觉，不知体认，天理灭矣。理灭则为己，在随处体认而已矣。随处体认也者，随视、随听、随言、随动，体认吾心之天理，就正当处而勿其非礼之不正当处，即便是克己，即便是养知，皆从心上用功。”曰：“然则由中应外，制外养中，非与？”曰：“安得而非诸？心无内外，内外一心也。其由其应，其制其养，非心而何？在人善体认。若于此体认得，实有诸己，便许他知制事制心，直内方外，一以贯之之学。是否？”

不须如此牵合，只随处体认天理，有见则所知日明，己自退听。所谓知者，天理是也，贤辈等所言，似以知觉之知为知，而不知《中庸》所谓“或生而知之，或学而知之，或困而知之”三“之”字，皆指天理也。知觉之知，乃心之本体，而谓本体是天理本自知觉，则彼凡有知觉运动之蠢然者，皆天理与？是自堕于即心见性成佛之弊而不自知也，故良知之说最为难信者，此也。当观《孟子》此章面，原都在“达之天下”一句，“达”之一字，便是扩充，须有学问思辨笃行之功，乃不差也。伯通所言“随处体认天理”，随视听言动而体认吾心之天理，良是，但又谓“就正当处而勿其非礼之不正当处”，又似太多头绪，不若心常令中正察见天理，而非礼之萌即退听，为简易直截，不须如此牵合，牵合犹似有心病也。既知一以贯之，何须更说中外？何分应制？此或是伊川少时语也，贤辈当濯去旧见，以来新知。舍己从人，道当如是。

【72】津昨与邹东廓论“知至至之可与言几，知终终之可与存义”一条，东廓曰：“此正见知行合一处。知至知终主知，至之终之主行。知至而即至之，始条理之事也，故可与几；知终而即终之，终条理之事也，故可与存义。”诚然！诚然！始终总是一知贯彻，自知之贯彻不息，便谓之行，所以先生说：“知通乎行，通乎行而知者，圣学之始终也。”亦是此意。东廓又曰：“知字最重，《中庸》言：‘惟天下之至诚，为能知天地之化育，苟不固聪明圣知达天德者，其孰能知之！’是何等的重！只为后人把作闻见之知看了，所以有歧知行为二之弊。”

知固贯始终、通乎行，但《易》所谓“知至至之”，而必曰“可与言几”，是专主知，知之在先，故曰“可与言几”。所谓“知终终之”，而必曰“可与存义”，是主行，行之在后，故曰“可与存义”，此所谓始终条理也。所以圣人之学，知最重，吾所谓通乎行而知者，圣学之始终是也。但后又云：“空知，禅也。”又曰：“学问思辨笃行，开其知也；笃行，恒其知也。”则所知者天理而非空知矣，空知乃知觉之知，不可不察也。如以常知常觉即道，则《中庸》但云“聪明圣知”足矣，而又云“达天德者何”耶？天德者，天理也；聪明圣知，圣人知觉之神也，亦必须达天德，佛学原欠此一节。

【73】津问：“他山之石可以攻玉，玉必琢而后成，金必炼而后精，不琢不炼，虽有良金美玉，岂能自成其精美？故日用亲师

友、对简编、应接百为，无一而非吾琢磨煅炼之地，无一而非吾琢磨煅炼之功。然亲师友简编时，觉亦磨炼得过，及应接稍久，便有出入磨不过的去处，此其病安在？”

应接磨不过者，即亲师友简编时，亦必有走作而不自知也。此皆是一套事，能则皆能。应接磨不过，只病在与人忠处尚欠，主忠信之功未加耳。伯通所云“亦用亲师友、对简编、应接百为，无一非磨炼之地之功”，此即是学问思辨笃行之功也，而谓致知不用学问思辨笃行之功者，可以自反，思而知其不然矣！

（以上数条出自《全集卷六十九·新泉问辨录》）

【74】刘心问明道云：“见理后须放开。”看来未见理时须如何做？莫先紧着一步，待见得此理有据处，始可涵泳自适。不然，初学将甚么放开？恐无以为之地也。明道又云：“开又近于放倒，故有礼以节之；守几于不自在，故有乐以乐之。”此便是勿忘勿助，何不辟头以此教人？乃云“见理后须放开”，何也？

学者紧要勿忘勿助体认天理，若真见得天理亲切，则自廓然大公，而广大高明之本体自复，即所谓“放开”，非谓见理之后，又有所谓放开也。若如此说，却又看小了天理也。圣人川上之叹，即此便是道理。程夫子谓其要在谨独，此是切实用功处。

（《全集卷七十·新泉问辨录》）

【75】但初学摆脱不开，知动静合机矣，未免静忘而动滞；知体用合原矣，未免心与事判；知物我合体矣，未免痛痒不切。日难一日，将何以救药之？

此只是用功不深故心生，心生故动静、心事、物我相扞格耳。夫仁亦在乎熟之而已矣。

（《全集卷七十一·新泉问辨续录》）

【76】王崇庆问："鄙见谓小学不讲，而童蒙之道废，可悲莫大焉。人之幼也，良心浑然，导之善善，导之恶恶。是故《易》曰'养生'，《书》曰'初生'，《礼》曰'毋诳'，凡以为是物也。今之人不自其本而防之，顾乃姑息豢养，习成骄惰亢很之归，虽有善心，销铄无余，而欲冀其成人，难矣哉！尝见先生留意小学，无乃为此？故小学在今日不可不立。"

答曰："吾意正如此。盖小子之心乃真心也，乃初心也。语曰：'少成若天性，习惯成自然。'孟子：'大人者，不失其赤子之心者也。'赤子之心与途之人之心，途之人之心与禹之心，禹之心与尧、舜之心，皆是一心，更无别心。但途人之心斫丧之，必补复乃可至初真心。若赤子之心乃初真心，就此涵养，扩充盛大，广大高明，充实光辉，至熟处，便是化，故于作圣功夫为第一步也。"

【77】鄙见谓天下之书固当无所不读，然吃紧者莫如《四书》《五经》。天下之善固当无所不好，然吃紧者莫如孝弟。天下之事固当无所不理，然吃紧者莫如身心。古人所谓务本如此，乃若舍是而谓读书，舍是而谓好善，舍是而谓理事，何啻千里！

答曰："千言万语，千绪万端，只是为一个心。《五经》《四书》说我心中之理，孝弟是我良心真切处，孟子博学详说之将以反说约。所以约者，此心也。圣贤言语，句句说心。"

（以上两条出自《全集卷七十五·问疑录》）

【78】二业合一，作文所以发吾心之理，读书所以明吾心之理，其实一也。尝试观之，心不专一时则无所得，心专一时似涉丧志，如夫子所谓万象涵太虚之意，岂所读不求其必记，所作不求其必工，但照之以吾心之虚明，而无着而无不着乎？

太虚之涵万象，以其不与万象也；若与万象则非太虚矣，又焉能涵？心不与书及文，故能合一，能合一则不求记而自记，不求工而自工矣。人之为儿时，事事能记，以其心虚耳。

（《全集卷七十七·金台答问录》）

【79】问："朱子曰：'学者须是有业次，且如读尧、舜典，历象日月星辰、律度量衡、五乐五礼之类，禹贡山川、洪范九畴，须一一理会令透。今人只做得西汉以下功夫，无人就尧、舜三代原头处理会来。'垣意，尧、舜三代制度名物，恐只是天德充拓流行出来，至简至易，易知易从，无后世许多智术琐碎处。今欲理会，亦只于本体广大精微处求之，当无不得。然古之物理，如璇玑玉衡、律吕之属，却亦有难理会者，岂吾人之本体功夫尚未至于净尽无瑕？抑亦古圣人之为另有简易之道，非如后人之所论也？"

以历象日月星辰、律度量衡、五礼五乐、山川九畴上理会为业次，何等烦难！非易简之学。所以文公后来诗云："伊予昧前训，坐此枝叶繁。"又云："发愤永刊落，奇功收一原。"乃悟易简功夫也。若理会尧、舜三代原头处只是精一执中，建中建极，括了多少礼乐制度！且五帝异乐，三王不同礼，据何者而理会之？到得致中和时，万务万化皆成。吾契所谓尧、舜三代制度名物，只是天德充拓流行出来，至简至易，易知易从者，为得之矣！见得此，须是一味体认天理，涵养本原，培灌根荄，自见花实。

（《全集卷七十八·洪子问疑录》）

【80】承示观书册而得心病，别求安乐法，以了此心。见近来觉悟。然窃闻陶渊明好读书不求甚解，孔明读书不求记。盖古之知道者如是。而明道读书不蹉过一字，作字时甚敬，即此是学，是即孔子所谓执事敬也。至于酬应事物，游玩山水皆然，岂特读书然哉？盖读书有涵泳持养之功，有穷格发明之益，于此有得，必有不

知其手舞足蹈之乐，心广体胖之验，而吾弟以为心病者何耶？圣贤之书，将以养心，非以病心也。无乃求之太深，索之太苦，而所谓执事敬者，犹有未得其要乎？且其语意间似有内非外，判心迹而两之之病，吾弟初不自觉。又云："别求安乐之法"，而安乐之法，舍敬又何所求耶？语云："中心斯须不和不乐，则鄙诈之心入之矣。"又云："敬则自然和乐。"是古人所以存其心养其性，而安乐之法将于是乎在。夫存心之说则闻之矣，至于了心之说，则不肖所未闻。

（《全集卷八·复方西樵》）

【81】夫学以立志为先，以知本为要。不知本而能立志者，未之有也。立志而不知本者，有之矣，非真志也。志立而知本焉，其于圣学思过半矣。夫学问思辨所以知本也，知本则志立，志立则心不放，心不放则性可复，性复则分定，分定则于忧怒之来，无所累于心性，无累斯无事矣。苟无其本，乃憧憧乎放心之求，是放者一心，求之者又一心也。则情炽而益凿其性，性凿则忧怒之累无穷矣。故从事学问则心不放，是乃不求之求。故子夏曰："博学而笃志，切问而近思，仁在其中矣。"故曰"不求之求"也。夫情之荡也，忧怒为甚。横逆之来，可怒而怒，怒在物；父母之难，可忧而忧，忧在事。是忧怒系于事物，不系于心也。故舜、禹有天下不与，而终身忻然者，此也。故曰"忧乐并行而不相悖"者也。

（《全集卷八·再答郑进士启范》）

【82】君子，大人之称。小人，细民之称。儒者，学士之称。此同一儒字，即分别君子小人之归。世间衣儒衣、冠儒冠、言儒言、行儒行，皆似是同一个儒者，岂知儒之中，又大有君子、小人之别乎！读之至此，不能不令人警惕。盖此立心之初，便是生死路

头，便是内外岐径，便是君子小人之分，愈骛愈远，便如水火冰炭之相反，故术不可不辨其初。所谓术者非他也，乃心术也。所谓心术者非他也，乃一念之邪正也。方其立心正时，则便真切，真切则便由中出。由中出则言不必信，行不必果，惟义所在。此孟子所谓集义所生之学，所谓由仁义行之学，所谓大人之事。如此便为君子矣。何也？为君子儒，则其术不得不为君子也。方其立心邪时，则便作伪，作伪则便徇外，徇外则言必信，行必果，不惟义所在。此孟子所谓义袭而取之学，所谓行仁义之学，夫子他章所谓硁硁然小人之事。如此便为小人矣。何也？为小人儒，则其术不得不为小人也。世间人见这言行必信果之儒，谁不道他为君子之人？谁不道他为圣人之徒？虽此人亦岂不以君子圣人之徒自居而不疑也？然而卒为小人之归而不自知，人亦不知之者，其心术都已一齐坏了也。由是推之，世间学者同读圣人之书，同为君子之谈，同訾小人之非。然毕竟君子儒，以圣人之训，入乎耳，感乎心，蕴之为德行，行之为事业者，皆集义所生，由仁义行之类也。若夫小人之儒，剽窃圣人之言，为记诵，为词章，以取科第，以乾利禄者，皆义袭而取，行仁义之类也。一得志则扬扬于闾里，侈然以君子自安。若使此人一旦觉悟，岂不自哀自伤，自痛其身为小人之归乎？今夫常人闻人詈己为小人，其心岂无羞耻而不肯受之者？及其为小人之儒，为小人之归，因恬而不觉不耻者，何也？其心术先为之惑，如醉如梦，终其身而不悟也。哀哉！昔在孔门弟子，惟德行之科，如颜、闵、曾、开之徒为君子之儒，决不至为小人矣。至于文学、言语、政事之科而不本于德行者，如游、夏之伦，难保其不出入于君子小人之间。故夫子告之以此，实下顶门一针，打开生死路头，欲人猛省，早辨其学术也。

（《全集卷十二·九华山甘泉书院讲章》）

【83】圣人之学，心学也，劈初只看其立心立志何如耳。一念所志，顷刻之间，合下圣愚便别，古今便别，为己为人便别，其终所成亦必如此。譬如树艺者，树以五谷之种，则其萌、其穗、其实，无非五谷之美；树以荑稗之种，则其萌、其穗、其实，亦无非荑稗之恶；自有不可掩者，亦有不可易者。是故学者之要，莫先乎决择于立志之初。初志既审，如识宝者之爱宝，日日亲切，日进日亲；今日志之，明日志之；今年志之，明年志之；将有欲已之而不能自已，虽不期成而自成者矣。何谓初志？其初一念为学之志也。一念之初，便有为己为人之别，便有义利公私之判。何谓义？何谓公？古之学者为己是也。三代之学皆所以明人伦也，明人伦者，尽为人之道也。尽为人之道者，尽己也。心，己之心也；性，己之性也。学、问、思、辨、笃行皆以存己之心、养己之性，是无所为而为。心又不为人而存，性又不为人而养，这便是古之学者为己。何谓利？何谓私？今之学者为人是也。三代而下，经残教弛，道丧学绝，失了古人为学本意。虽亦从事于学、问、思、辨、笃行，而不知所行者何事，故或流而为词章以媒爵禄，而不知词章爵禄何与于己之心，不过要得意扬扬，欲人观美耳。或流而为功利以夸时人，而不知随世功名何益于己之性，不过沾沾自足，欲人称颂耳。是有所为而为，既以为人观美，又以为人称颂，这便是今之学者为人。夫苟志于为己，则念念在己，有天下而不与，这便是立诚。诚立则遁世无闷，人不知而不愠，可与圣人同归矣。夫苟志于为人，则念念外慕，人之与夺仅如毫毛，而必动心自失，安能无闷？安得不愠？这便是小人，便与夷狄禽兽同归矣。虽同乎人之心性，失其所以为人之道也，已非人类，虽同在天地间，实天地之罪人，实为天地不孝之子。岂是其智弗若人？乃其自失之耳。岂不可哀！……夫为己为人皆是一为字，但其萌于一念邪正之间耳。一念之机甚微，极而至于古今圣愚，得失存亡，若天渊之相悬绝，岂非大可畏

耶？夫人莫不有一生耳，学者不蚤自决择而勇为之，至于为小人、为夷、狄禽兽之归，临死时，平生之为人者泯，而天地之性于己者定，未有不悔者，然悔之亦晚矣。兴言及此，不觉为之垂涕饮泣也。夫惟学贵专于为己而已，己立而人归焉。修其天爵而人爵从之，然后人己两尽而天人协应，二者皆得而无复悔尤矣。

（《全集卷十二·九华山中华书堂讲章有序》）

【84】这天理混然在宇宙内，又浑然在性分内，无圣无愚，无古无今，都是这个充塞流行，人人具有，不须假借于人，人亦不能假借于我。何以言学、言习？盖虽人人具有，为气拘欲蔽，便似不见了，便似失了。殊不知本体自在，能知觉而存习之，则自如，有如宝为尘泥所没，日月为云雾所蔽，一旦云雾消尘泥去，日月宝光自见矣。故圣人之教，必使博学、审问、慎思、明辨以开其知，察见夫天理之真；又必使笃行以恒其所知，造次必于是，颠沛必于是，终食之间必于是。昊天曰明，及尔出王；昊天曰旦，及尔游衍。以时习之，有如鸟之数飞而不能已也。所谓学而时习，真知而实行之者如此。由是而积之之久，浩浩其天，如云雾消而日月明，人人快睹，尘泥去而珠宝光，人人乐观，如何不说！这说字即孟子理义之悦我心，如刍豢之悦我口，况天理者，天之所以与我，我固有之，自学自习，自性自存，而自得自悦，非如珠宝日月刍豢之在外者。故于身外之富贵贫贱，夷狄患难，无入而不自得，则自说矣。说则与天地人己合一同体，陆象山曰："宇宙内事，即己性分内事。"《中庸》尽其性则能尽人之性、尽物之性，而与天地参。故未能成物，则己性分未尽，未得为成己。故学至于说，则德盛而人化之，同声相应，同气相求，远方同志者骎骎而来矣。朋者，同类。在学士则为考德问业之人，在人君则为会极归极之人。善及于众，得以遂吾性分之愿，可以发我本心之说，所谓得英才而教育

之，如何不乐？此乐不是乐人从己，乃自有性分之乐也。夫学习而至于说，说而至于乐，则人己两忘，天理流行，人知之亦嚣嚣，而性分不为之加，人不知亦嚣嚣，而性不为之损。故凡天下之不同志者相与非之而不顾，顾吾天理之常存，而不怨不尤耳，其何有于愠乎！学至于是，则成己成物而成德矣。成德者，君子之人学问之极功，圣人之能事毕矣。故愚尝谓君子观其所说乐不愠，而其性可知矣。

（《全集卷十二·福山书堂讲章》）

【85】余姚徐子有淑质，学于阳明，厥既举进士，守祁州，且行，谈学甘泉。甘泉曰：夫士有六学，学有六敝。一曰博，二曰问，三曰思，四曰执，五曰宏，六曰通。故唯尽此六学者可以尽性矣。故博之弗可以弗问，问之弗可以弗思，故唯致思者，可以穷神矣。思之弗可以弗执，执之弗可以弗宏，宏之弗可以弗通，故唯致通者，可以知化矣。夫博而弗驳则明，驳则昏。问而弗泛则精，泛则惑。思而弗贰则得，贰则乱。及其归愚则一也。执而弗滞则变，滞则陋。宏而弗荒则大，荒则废。通而弗流则化，流则荡。及其不肖则一也。是故君子崇六学，去六敝，唯择唯一，成厥天德。时措诸经纶，庶绩其臻。是谓治人以身。

（《全集卷十四·赠徐曰仁序》）

【86】太史黄子才伯曰："佐也于役于渭，暂将睽违，惟子教之。于亲于学，惟子教是蕲！"甘泉子曰："欲事亲者，其惟学乎！欲显亲者，其惟立身行道乎！"曰："学何学矣？"曰："心。故善学者如贯珠矣，不善学者如观珠矣。"曰："观珠与贯珠之形何以异？"曰："观珠者，观他珠也，多学而记之类也。贯珠者，我贯我珠也，自我得之也，一以贯之之类也，知识前言往行以蓄德也。"黄子曰："唯唯！"昔者甘泉子谓黄子曰："子

之博学，如聚万珠矣，其惟贯之已乎！”黄子曰：“唯唯！”黄子则既志乎心学矣，骎骎乎其进而不已矣，是以申告黄子之别。黄子曰：“圣学其思乎！故曰：‘思不出其位。’”甘泉子曰：“是之谓心学矣。思曰睿，睿作圣。”请闻焉，曰：“其中思矣乎！中思故不出其位，不出其位，故思无邪。出位而思，邪，邪也，正亦邪也。其惟中思乎！”曰：“曷谓中思？”曰：“毋前尔思，毋后尔思，毋左尔思，毋右尔思，故曰‘中’。中思也者，中心也。故曰：‘中心无为，以守至正。’至正，无邪思也。若夫左右前后而思焉，出位耳矣，恶能勿邪？故中则正矣，中正一以贯之，而圣学备矣。此舜闻见善言行，沛然若决江河，莫之能御也。其博约之教乎！”或曰：“子曰：‘子中思而已矣。’将不遗于四远乎？”甘泉子曰：“非然也。日月之照四方也，明在中也；尧德之明，思在中也，而光被四表，何远之遗？”或以告黄子，黄子曰：“唯唯！”甘泉子曰：“可以别矣。思知事亲矣。”嘉靖癸未季秋九月

（《全集卷十八·赠别黄太史序》）

【87】甘泉子曰：“夫经也，径也，所由以入圣人之径也。或曰：警也，以警觉乎我也。傅说曰：‘学于古训。’夫学，觉也，警觉之谓也。是故六经皆注我心者也，故能觉吾心。《易》以注吾心之时也，《书》以注吾心之中也，《诗》以注吾心之性情也，《春秋》以注吾心之是非也，《礼》《乐》以注吾心之和序也。”曰：“然则何以尊之？”曰：“其心乎！故学于《易》而心之时以觉，是能尊《易》矣。学于《书》而心之中以觉，是能尊《书》矣。学于《诗》而心之性情以觉，是能尊《诗》矣。学于《春秋》《礼》《乐》而心之是非、和序以觉，是能尊《春秋》《礼》《乐》矣。觉斯存矣，是故能开聪明、扩良知。非六经能外益之聪明良知也，我自有之，彼但能开之、扩之而已也。如梦者、

醉者，呼而觉之，非呼者外与之觉也，知觉，彼固有之也，呼者但能觉之而已也，故曰‘六经觉我者也’。今之谓聪明知觉不必外求诸经，不必呼而能觉之类也；今之忘其本而徒诵六经者，辗转丧志于醉梦者之类也。不呼而觉之类也者，孔子不能也；丧志于醉梦之类也者，孔子不为也。是故中行者，鲜矣；是故天下能尊经者，鲜矣。”两生曰：“何居？”曰：“弗或过焉，则或不及焉。过则助，不及则忘；忘则忽，助则侮；侮与忽，可谓之尊经也乎？”曰：“然则如之何？”曰：“观之于勿忘勿助之间焉，尊之至矣。”

（《全集卷二十七·广德州儒学新建尊经阁记》）

【88】古之学者所以学为人也。学为人也者，学为圣而至于天也。天者，人之所以性也，尽人则尽性，尽性则至命。故学而为人，则圣与天不能外矣，而曰：“吾为圣，吾且至于天。”则不可私也。吾知复吾为人之道而已，而圣乎？天乎？吾不知也。吾知学为君臣，学为父子，学为夫妇、长幼、朋友之道，酬酢事物之理，凡人之所不能无者，如斯而已矣。此古人之所谓学也。昔者孔子学于文、武、周公，文、武、周公学于成汤，成汤学于禹，禹学于尧、舜，尧、舜学于三皇，三皇学于天地，故皆与天地相似。孟子曰：“人皆可以为尧、舜。”荀子曰：“途之人可以为禹。”尧、舜、禹与吾之天一也。故曰：“人有所不虑而知者，其良知也；所不学而能者，其良能也。”故除其骄而苗自夭，杀其蠹而木自茂，去其欲而理自足。古之人从师而学焉，穷经而学焉，小而小学焉，大而大学焉，亦所以明乎此而已耳，亦所以去其蔽乎此者而已耳，非外有所取而加之也。必外有所取而加之，斯凿而已矣。

（《全集卷三十一·学说乙丑翰林作》）

卷四　修　身 凡一百三十三条

导读：学者做修身的工夫，就是要变化气质，使自己变成一个有德性的人。湛若水的修身工夫，除了人们所熟知的“随处体认天理”之外，他还有“执事敬”“勿忘勿助”“默识大同”的功夫，这些在他思想的不同时期都曾作为他的学问宗旨。儒家所讲的德性并不只是一种内在的心理状态，当一个人的工夫纯熟以后，是能够由内而外，散发出一种道德的光辉。所谓“德润身”是也，这就是所谓的气象。因此，身体并不是工夫的负累，而是工夫开展的场所，也是工夫所要转化的对象。这就是前面所讲的变化气质。故此，湛若水一方面强调初学入门者应从洒扫应对做起，使其动作旋转、一揖一让都要符合礼仪的要求；另一方面则强调要养气，同时要对治身体中容易出现的如怒、忧、惧、矜、烦等负面的情绪。无论随处体认天理的工夫，还是执事敬、勿忘勿助、默识大同的工夫，抑或养气工夫，则始终应该扣紧本心。在这种意义上，最直接的工夫便是涵养本心，而湛若水认为学问思辨笃行则是涵养本心的手段。

【1】杨生曰：“心何为而可尽？”甘泉子曰：“其敬乎！至敬无累，明鉴无蔽。”

【2】蜾蠃负螟蛉之子，封而祝之，久则肖之，其气质之变化也。犹乎异形也，而况于人之同类者乎！故古之善师者，相禅受以

意，故能变，变则化。今之相师者，不虚以受，实以信，而欲变化以至于道也，不亦难乎！

【3】君子敬可以生仁，定可以生智，思可以生勇。夫能敬而后定，故定而不寂；能定而后思，故思而无邪。敬定思一也。仁不欲方，智不欲圆，勇不欲动。兼而有之，可与入道。

【4】甘泉子曰："集义者，如集聚百货之归也。夫敬，德之聚也。君子虚以居之，问以聚之，而众理会焉。故能生生者，根于中者也。《记》曰：'溥博渊泉而时出之。'今之以事事而集之，谓之袭则可，谓之集则不可。"

【5】杨生问："扩充之指。"曰："非外有所增而致力也。存而养之，养则生，生则大，大则广，广则塞。是故至大配天，至广配地，充塞配万化，其扩充之谓乎！夫艺木者，根立而养之，则发而茂，茂而实，有不得已焉耳。"

【6】仕鸣问致知涵养之别。甘泉子曰："无二。"又问。曰："知之所至，养亦至焉。是故知与养并行而不离也。"

【7】仕鸣问："何以格致？"曰："其体认天理乎！是故默观之乎未发，学之乎古训，辨之乎师友，察之乎感应。知之所至，行亦至焉，合一无二。"

【8】冯生问："言动可谨矣，而视听为难，以读书乱之，可乎？"曰："未也。"公赞曰："淫声美色以丑恶视之，可乎？"曰："未也。"少默曰："知其非礼而不再视听，何如？"曰：

“亦未也。夫心亦在乎主之而已，主立而外物不能入。《易》曰：‘艮其背，不获其身；行其庭，不见其人。’有主也夫。否则虽雅声正色，亦引之而已矣。”

【9】甘泉子曰：“夫治心者，如调马矣。习心之狂犹夫马也，故调之而后熟。思则思，不思则不思，思不思在我一体也。今夫求心者偏于静，不求于动，不习之于事，譬诸系马于肆而求其良，不可得也。”杨生曰：“敢问思不思一者何谓也？”曰：“譬之鉴焉，物至照之，不至则不照，照不照皆此体也。学在去其蔽之者而已矣。”杨生曰：“子尽心之义，其斯之谓欤？”曰：“然，以此而照，性孰不可知？充是心也，精义入神，聪明睿智，以达天德。”

【10】甘泉子曰：“可欲之善，其明善乎！天下之大本也。有诸己之信，其诚身乎！要在谨独。诚明并进，达之天下，善推其所为。”

【11】霍平易曰：“子之教人也，何学矣？”甘泉子曰：“其敬乎！汝为敬也何如？”曰：“专一。”甘泉子曰：“专一于事而迁于事也，可谓敬乎？故一则不迁，成性存存。”

【12】甘于盘追咎其病曰：“吾欲去之，何道？”甘泉子曰：“先立乎大本则自去矣。”曰：“何谓大本？”曰：“在存天理。故曰：‘好仁者无以尚之。’”

【13】郑启范曰：“吾向也不敢望于圣贤，求别于乡人而已。闻子之言，窃有志焉。”甘泉子曰：“圣非分外也，如其分外，畴其强之，是故惟圣贤然后能尽性，尽性然后成人，哀莫大于不成人，弗思尔矣。”

【14】门人有问："圣可学欤？"曰："可。"曰："如之何？"曰："在变化。士而贤，贤而圣，圣而天，变化也。今夫飞潜之类，变化则有之矣。如其学不变不化，可以人而不如飞潜乎？"曰："孰变化之？"曰："沉潜刚克，高明柔克，克之者其心乎！心之中正，其变化之矩也。"

（以上数条出自《全集卷一·樵语》）

【15】或问主一。曰："无二。"曰："主一物乎？"曰："一物则二，心无一物。一物侵寻，乃丧其心。"

【16】学者正心而已，心正然后义生，义生然后物各止其所而天地位。

【17】不累于物欲而后气质得其正，不偏于气质而后德性得其全。虽上士不能无气质，虽下士不能无德性。上士上化，下士下化。

【18】贤者寡欲，圣人无欲。寡欲之至可圣，无欲之至可天。圣则无意无必，天则无声无臭。

【19】视听言动非礼，非心也。非心亡，然后合礼。合礼然后参前倚衡之体见。参前倚衡之体见，然后手舞足蹈之乐生。

【20】见冰而寒，闻雷而惧，其气之动志乎！可以反风，可以致雨，其志之动气乎！感应之理大矣哉！

【21】学莫先于存心。心存而后理明，理明而后意诚，意诚而后气变，气变而后质化。学而至于质化焉，则几矣。

【22】君子之道有四纯焉。无所比而亲曰纯仁，无所为而宜曰纯义，无所饰而理曰纯礼，无所缘而知曰纯智。君子有此四者，故曰纯人。

【23】心道生仁，树道生实，存心根之，省察防之，讲习灌溉之。人力不与焉，而生生不已。

【24】天下无事，扰之则戾；人心无事，拂之则蔽；物理无事，凿之则废。君子以无事处事，是以能事事。不劳而有功，不动而天下治。

【25】观鸲鹆、鹦鹉之能言，而知天下可以气化。观蜩蝉、蜉蝣之能蜕，而知天下可以质化。是故圣可学而贤可至。圣贤之道，存之移气，养之移体，非达天下之变化，其孰能与于此！

【26】戒惧谨独修之，修之而中和出矣，致之而天地之中和出矣。是故天地之位，中孰大焉！万物之育，和孰广焉！位育非二也，一致也。是故至大配至德，至广配至道。

【27】滞于物，可以言专，不可以言敬，敬无滞也。敬者必专，专者未必敬，谓专为敬，何啻千里！

【28】诵诗三百，达政专对，气质之变化也。学求变化气质而已矣。是故变化之道，莫大乎歌咏。

（以上数条出自《全集卷二·新论》）

【29】明道言："常人食饭在脊梁上过，某食饭在肚里过。"

在肚里过便是执事敬，在脊梁上过便是忘。

【30】看仪礼，多一揖一让不得，少一揖一让不得，与夫一拜一兴，皆天理也。

【31】吾年五十而后学渐得力，盖从前未曾深加致知之功，虽力行涵养而未能真知，是以未能无惑也。始知博学、审问、谨思、明辩、笃行，阙一不可。是故大学之教，必知止而后有定，譬如夜行无烛，其心眩惑，安能直前？

【32】敬以直内，义以方外，如人有两足，不可偏废，而义方之力尤切。敬如人持刀，义如人杀贼，才到手便分生死胜负。若不杀贼，刀为无用。

【33】凡人有甚怒及横逆之加，则其人如病狂初作，不可便与之辩，但当以理自克，久之则其人自悔，如病苏也。持此以行诸夷夏，无不可矣。

（以上数条出自《全集卷三·知新后语》）

【34】诸生为学患心不定，只是煎销习心三层五层。如煎销金银，一番煎销，愈见一番精明，煎销尽者为大贤之心。习心即人心，心只是元一个好心，其不好者习耳。习尽则元来本体广大高明，何尝有缺？何所沾惹？内外合一。

【35】诸生常日务敬谨行步，声气须要徐详，乃见涵养。谢上蔡先生云："只高声说一句话，便是罪过。"岂可不戒！

【36】诸生堂揖罢，班长问安致词，命坐乃坐。由长而少，起质所疑所得。其起居俯仰之间，及问答之际，须要诚由中出，不可徒为巧言令色，以滋伪心。

【37】初学用功，茫然无著力处，只且于言动间存习。步趋要从容，言语要和缓，步步言言要与心相应，一一使由中出，存习之久，自然成片段。

【38】诸生相处，一言一动皆本礼义，时言俗态一毫不留于聪明，以此夹持，自然长进。其有犯此戒者，诸生相与正之。

【39】学者须要立信。如与人期约之类，虽似小事，然失信则害心为大。诸生今后或归省，期某日还馆，必要践约。又如自期从学或一年、二年，必要践言，不可易志。圯下老人与子房犹须立信，况学圣贤之道者乎！即此便是根基。

【40】吾儒学要有用，自综理家务，至于兵农、钱谷、水利、马政之类，无一不是性分内事，皆有至理，处处皆是格物工夫。以此涵养成就，他日用世，凿凿可行。

【41】诸生人人皆学歌诗作乐，以涵养德性。舜命夔典乐以教胄子，此其深意，安可一日缺此？或读书至深夜，则会于本斋歌诗，以畅意气，又长一番精神。

（以上数条出自《全集卷五·大科书堂训》）

【42】沈珠问："天理何以见？"甘泉子曰："其主一乎！天理者，吾心本体之中正也。一则存，二则亡，觉不觉而已。"

【43】余胤绪问视听言动之非礼。甘泉子曰："非礼，形而后成者也。视听言动由诸心，以心应则无非礼矣，故曰勿。勿者其几乎！"曰："四勿之中，视听为甚速，如之何？"曰："其中有主矣乎！必见夫参前倚衡之体，则非礼不入矣。否，虽闭目塞耳，亦驰而已。"

【44】莫赞问："诚敬何以别？"甘泉子曰："诚敬一也，能敬则诚矣。"问敬。曰："主一，一者无适也。无适，其无物乎！有物非敬矣。"

【45】葛涧问："敬何以和乐？"甘泉子曰："敬者一也，一者无欲也，无欲则洒然而乐矣。"

【46】徐世礼曰："求放心何其难也？"甘泉子曰："久放之心，其犹诸狂马也与！在御之而已。始而逸，久而驯。"

【47】或问习心不除。甘泉子曰："其根深也乎！廓而清之，久则除矣。"

【48】沈珠问："体认之功多间断焉，则如之何？"甘泉子曰："是在恒其志耳。志存则恒知，知其间焉，斯续矣。"

【49】沈珠问："体认、扩充、存养三者有序乎？"甘泉子曰："孰或先焉？孰或后焉？体认也者，知至至之也，是为存养，其扩充之功尽之矣。"

【50】或问："惩忿之难何也？"甘泉子曰："其惟一乎！在

觉之而已。觉则一，一则定，定则忿息。”

【51】葛涧问：“学无日新之益，何也？”甘泉子曰：“在廓清之而已矣。廓清之则本体不污，本体不污则光明自生，日新之谓与！”

【52】沈珠问：“知而行不及者何也？”甘泉子曰：“未真知耳，知之真，能已于行乎？”曰：“亦有真知而不能行，何与？”曰：“汝谓知果真耶？譬之饮食，知其味，斯嗜之矣。知所嗜，斯食之矣。汝之真知亦犹饮食者乎？”

【53】吴藩问：“初有所见而不能胜事，何如？”甘泉子曰：“力弱耳。养之之久，力足以胜之矣，在积之岁月焉耳。”

【54】或问：“山居十年，学成而后应事，可乎？”甘泉子曰：“是支离之说也。动静合一，曷先学焉？曷后应焉？学莫益于习，习则熟，不习则不熟，非动何习焉？天下有无动之心、无事之人乎？”

【55】门人问孔门之学。甘泉子曰：“求仁。”问仁。曰：“心之生理也。故我欲仁，斯仁至矣。”问日月至焉。曰：“终一月一日也，其亚于三月乎！”

【56】沈珠问：“观山水有要乎。”甘泉子曰：“游息皆涵养也，在觉之耳。逐则忘，忘则流，流而不止，天理灭矣。”

【57】甘泉子曰：“学求心之生理而已矣。是故体认也者，恒

觉乎此而已矣，惟勿忘勿助之间见之。”

【58】或问：“过庙则肃。肃，敬与？否与？”甘泉子曰：“敬，吾心也。夫心有所感则知敛，其致一之道与！扩而充之，无不敬矣。故曰，如承大祭。”

【59】管登问戒惧谨独。甘泉子曰：“其功一而已矣。所不睹所不闻者，道之本体也。戒慎恐惧也者，随动随静而致养焉者也。独也者，即其所不睹不闻而为言者也。慎也者，即其戒慎恐惧而为言者也。反复而言之，意独至矣。是故动静者时也，而本体之贯乎动静者无不在也。”

【60】余胤绪问动静。甘泉子曰：“夫学，天理而已矣。天理一也，又何分于动静？”曰：“随处体认，不已外乎？”曰：“何事非心矣！何心非事矣！敬养吾心，随事以应之，何内外之有？”

【61】蔡玘虑扰于人事，请山中静养数年何如。甘泉子曰：“意乎求静即不静矣。惟于人事纷纭之中，而不失吾心之本体焉，是之谓体认天理，而静存乎其中矣。吾见夫释子者闭关三年而后出，犹夫未闭关时也，其不识天理之故尔。”

【62】陈应期问尽心存心之异。甘泉子曰：“性也者，心之生理也，心尽而性见矣。存心也者，恒其所尽之心而已，其知行并进者乎！”

【63】甘泉子语门人以克己，蒋信进曰：“物我形而后己私生，非礼皆有我之私也。故能随处体认太公之本体，则无我，私且

退听矣。信也以是为克己之功，何如？”曰：“其然！其然！否则强制云尔，何克之有！”

【64】杨钦问：“学欲时见吾心之生意，如之何？”甘泉子曰：“在不以己与物耳。舜、禹有天下而不与焉，不以己与之也。不与则无所蔽，无所蔽，则常与天地万物为一体矣。”

【65】余裕问：“程子曰：‘当怒而观理之是非。’观人乎？观己也？”甘泉子曰：“理也者，心之本体也。即人可怒而又观之，怒斯已甚，是之谓迁怒。故必反观本体，迁与？否与？是故好恶在人而己不与矣。”

【66】莫赞问：“默坐若有以澄心矣，应事乃有不然，何如？”甘泉子曰：“未之见理尔。见理则动静一，动静一则何难易之有？故君子之学，莫大乎察理。”

【67】陈道请除骄吝二字。甘泉子曰：“尔之问也，其亦犹切己也。夫骄吝其在病，譬之膏肓也与！必除之然后可以达道。除之何如？曰：‘体认天理。’”

【68】童子歌鹿鸣南山之诗。甘泉子曰：“心存而后可以听歌，歌可以消固滞。”

【69】管登问：“病根可一朝而除与？”甘泉子曰：“圣贤之学，为除病也，必积久而后能。明道猎心十二年而复萌焉，言何易！言何易！除之、除之而不息，则宿根可夺矣。”曰：“其要安在？”曰：“其体认天理乎！”

【70】黄纶问："心之出入无时，何也？"蔡玘曰："身在于此，念驰于彼，其出之谓与！"甘泉子曰："心蔽于物，斯谓之出矣。出也者，犹之出也。"

【71】歌诗终，门人问曰："斯何谓也？"甘泉子曰："诸生听斯，得无心气和平矣乎？"曰："然。""夫古之乐为养心也。今夫人之有郁也，一闻歌声，其无不舒者矣。故曰'诗可以兴'，'兴于诗'，今之君子何独于吾而疑之？"

【72】陈论问天下归仁。甘泉子曰："仁也者，天地万物一体者也。己克而礼复，则天地万物在我矣。"

【73】蔡玘问："敬主于中矣，其又必整齐严肃乎？"甘泉子曰："内主乎敬，则整齐严肃见于外矣。外不整齐严肃，殆其心未之敬耳。"

【74】史鹓问："省言词以制烦躁，则何如？"甘泉子曰："可以为难矣，学则未要也。苟能收放心，体天理，然而烦躁者，寡矣。"

【75】蔡羽恐操存之狭也，问扩充之术。甘泉子曰："心体其大矣。苟操存而不失其本体，扩充之术，岂外是耶？"

【76】黄辅问："即事以察情，即情以察性，为体认之方，何如？"甘泉子曰："然。然而衹见推究之烦耳矣，盍求心之生意乎？"

【77】或请制客气。甘泉子曰："在持其志耳。志者，气之帅

也，知持志则百体从令，客气自消矣。必有事焉而勿正，心勿忘，勿助长，其持志以养气也夫。故曰：‘志至焉，气次焉。’”

【78】况一经以克客气请，闻嘉言以克躁气请。甘泉子曰：“皆己私也。克之莫若中正，中正而后天理存，天理存而己私忘，己私忘而习气远，习气远而不知其变且化矣。”

【79】程镐问：“思虑有时而多少，何也？”甘泉子曰：“曷少曷多？惟心有主焉，则思虑自定矣。”

【80】卢潮问恶恶太严之疚。甘泉子曰：“是谓作恶，非太公之本体矣。”徐勖曰：“哀矜之何如？”甘泉子曰：“可恶恶之，吾何容心焉！”

【81】谢澧问：“怒易发而难制，何也？”甘泉子曰：“怒不由己生，焉用制？”

【82】或问：“学主静坐也，何如？”甘泉子曰：“子谓忠信笃敬，视听言动，非礼之勿，果求之动乎？求之静乎？故孔门无静坐之教。”

【83】杨东熙问：“名利、货色，私欲之大也，必先克去之，何如？”甘泉子曰：“然。然而所谓克者，匪坚制尔也，其惟进天理乎！天理日明而人欲日隐，天理日长而人欲日消，是之谓克。”又问：“己不克，安能见理？”曰：“未体天理，焉知人欲？未能如好好色，焉能如恶恶臭？夫惟仁可以胜不仁，而见大可以忘小。故曰：‘好仁者，无以尚之。’否则富贵功名之于欲大矣，孰能小

之？”曰：“体天理如之何？”曰：“今夫人之起念于躯壳也，即无往而非私，知物我之同体，则公矣。公也者，其天理乎！”

【84】甘泉子语袁邮曰：“人能动心而后能存心，能存心而后能养性。故人心恒知，知故警动，德性斯坚定矣。然则动心忍性，其入道之门也与！”

【85】江绍问：“克己。”甘泉子曰：“先立我。”未达。曰：“心与万物一，则我立矣，我立斯主而后己私亡。国有王而四海从其令。我立王之谓乎！”

（以上数条出自《全集卷六·雍语》）

【86】潘汝济问：“圣门之学，勿忘勿助之训尽之矣。立志由是，察识由是，操存由是。今之不由此路，而自谓有见者，非想象则偏见也。且如伊尹圣之任，岂是见得不大？只被他担任得紧些，便一向逐在天地万物上，想那高明广大之体，不能不为之累，便稍与天地不相似矣。天地之体，廓然大公，物来顺应，今日初学，虽未敢遽以此自居，要之合下便当以此为则，乃能不差。”先生曰：“勿忘勿助之间，正如规矩一般。欲为方圆者必于规矩，欲见中道者，必于勿忘勿助之间。千圣千贤皆是此路，此路乃中也。今之谓不用勿忘勿助而可以见道者，乃未知学者，又焉得见道？伊尹、伯夷、柳下惠盖不知此路，是以知之未至，亦未见天地万物一体之意。若知勿忘勿助之间便与天地相似。”

【87】“洋近见先生有全放下之说，甚是活法。今人有心心意意逐在事物，欲周旋天下事者，彼亦自以为得，殊不知此高明广大之体既为所累，事至物来，反有不能周旋者。不若全然放下，使此

心常高常明，常广常大，随感而应，自然事事物物各有条理，大行不加，穷居不损，得与不得，都无一事。正犹一烛停停在中，四面皆照，若移照一处，则有所不照者，如何？”先生曰：“‘非全放下，终难凑泊’，前辈有此说，白沙先师亦尝道之。此与勿忘勿助二勿字同，与放失心不同，才放下便天理呈露。烛照之喻亦切，尧之‘钦明文思’与‘光被四表’同一根烛。杨子云‘明哲煌煌，旁烛无疆’，亦说得好，恐未知明哲之体耳。”

（以上两条出自《全集卷十三·天关精舍语录》）

【88】盘问：“日用切要功夫，道通曰：‘先生之教，惟立志、煎销习心、体认天理之三言者，最为切要，然亦只是一事。’每令盘体而熟察之，久而未得其所以合一之义，敢请？”

此只是一事。天理是一大头脑，千圣千贤共此头脑，终日终身只是此一大事，更无别事。立志者，志乎此而已，体认是功夫以求得乎此者，煎销习心以去其害此者。心只是一个好心，本来天理完完全全，不待外求，顾人立志与否耳。孔子十五志于学，即志乎此也。此志一立，三十、四十、五十、六十、七十，直至不逾矩，皆是此志变化贯通，只是一志。志如草木之根，具生意也；体认天理，如培灌此根；煎销习心，如去草以护此根，贯通只是一事。

【89】球问：“体认天理，则几在我。几在我，则天理日长、人欲日消矣，然与？”

天理在我者也，若真切体认，几便在我；顷刻体认，则顷刻便在我；顷刻不体认，则顷刻便不在我。天理人欲，只在分数消长之间。

【90】心问：“如何可以达天德？”道通云：“体认天理之

功，一内外、兼动静、彻始终，一息不容少懈，可以达天德矣。”盘问：“何谓天德？何谓王道？”道通谓：“君且理会慎独功夫来。”敢问慎独之与体认天理，果若是同与？

体认天理与谨独，其功夫俱同。独者，独知之理，若以为独知之地，则或有时而非中正矣。故独者，天理也，此理惟己自知之，不但暗室屋漏，日用酬应皆然；慎者，所以体认乎此而已。若如是有得，便是天德，便即有王道，体用一原也。

【91】石廉伯问：“先生说格物兼身、心、意俱至，而不及知，何也？又以知本即知至，而所谓本者，即格物是也。于意云何？”

至之之功兼知行，盖已于上文知止、定、静、安、虑见之矣。知止，知也；定、静、安、虑，行也；已自明白。其廉伯谓不及知，徒以下文知至知本，而此乃不及知。殊不知下面知至，乃是了悟处，即伊尹所谓先觉，孔子所谓闻道，《中庸》所谓聪明圣知达天德，圣学极功至此了手矣。此前所谓知行乃才去下手者不同，不可不仔细会也。下所谓知本即知至者，谓修身后兼意心一齐都了，乃知知本者，修身之道也，犹上文物格而后知至也。知本及知至，知之深，即上所谓了悟、所谓先觉、所谓闻道、所谓达天德也，此是圣人地位。

【92】徐最问：“乾九三：‘君子终日乾乾。忠信以进德。’宜无往非诚也。而又曰：‘修辞以立诚。’何与？”

修辞即是谨言。言，心声也，与心相通。而最易躁妄难禁者，莫过于言，故圣人每每于此致意焉。告颜子以‘非礼勿言’，告司马牛以‘仁者其言也讱’，张横渠亦云：‘戏言生于思也。’故君子终日乾乾，虽无往非诚，而此尤为紧关。才妄言时，心已不诚，才有谨言之心，即是诚也，即是践履实地，故曰‘居业’。不然，圣人何故如此谆谆欲人谨言？又不是要谨得言语来，令好看好听也。

【93】或问：“学贵煎销习心，心之习也，岂其固有之污与？”曰：“非固有也，形而后有者也，外铄而中受之也，如秦人之悍也、楚人之诈也，心之习于风气者也。处富而鄙吝，与处约而好侈靡者，心之习于居养者也。故曰：‘性相近也，习相远也。’煎销也者，炼金之名也。金之精也，有污于铅者，有污于铜者，有污于粪土之侵蚀者，非炼之不可去也，故金必百炼而后精，心必百炼而后明。”

此说得之。认得本体，便知习心，习心去而本体完全矣。不是将本体来换了习心，本体元自在，习心一蔽之，故若不见耳。不然，见赤子入井，便如何蹦发出来？故煎销习心，便是体认天理功夫，到见得天理时，习心便退听，如煎销铅铜，便是炼金。然必须就炉锤乃得炼之功，今之外事以求静者，如置金于密室，不就炉锤，虽千万年，也只依旧是顽杂的金。

【94】源与道通论克己，道通云：“克己功夫大略有三节，上一节只是立主宰。主宰恒立，己安从生？此是颜子功夫。中一节是才觉有己，即便克去，但克时亦只是提省得主宰，观颜子知有不善未尝复行，与三月不违仁，恐亦有时落此。若下一节则是己已涉事，悔而后复，颜子则无此矣。今有志于学颜者，三节功夫皆不可不知，但须审己力量，勉勉循循，做得去便好。虽然，三节总以立主宰为本，功夫疏密不同，即便有此三等。”是否？

知崇而礼卑须兼用。吾尝云：“知圆如天，行方如地，天包乎地，知通乎行。”通乎行而知者，圣学之始终也。须是兼用此克己三节，上二事皆颜子事，后一节即《易》所戒“无祇悔”，悔则力有不能克矣，频悔频复，必至迷复，亦《易》之所戒也。

（以上数条出自《全集卷六十七·新泉问辩录》）

【95】冲窃谓：“初学之士，还须令静坐息思虑，渐教以立志，体认天理，煎销习心，及渐令事上磨炼。冲尝历历以此接利人，多见其益。动静固宜合一用功，但静中为力较易，盖人资质不同，及其功用纯杂亦异，须是因才成就，随时点化，不可拘执一方也。然虽千方百计，总是引归天理上来，此则不可易。正犹母鸡抱卵，须是我底精神合并他底精神一例□方得。如何？”

静坐，程门有此传授，伊川见人静坐，便叹其善学，然此不是常理。日往月来、一寒一暑，都是自然常理流行，岂分动静难易？若不察见天理，随他入关入定，三年九年，与天理何干？若见得天理，则耕田凿井、百官万物、金革百万之众，也只是自然天理流行。孔门之教，居处恭、执事敬、与人忠，黄门毛式之云：“此是随处体认天理。”甚看得好。无事时不得不居处恭，即是静坐也；执事与人时，如何只要静坐？使此教大行，则天下皆静坐，如之何其可也！明道终日端坐如泥塑人，及其接人，浑是一团和气，何等自然！

【96】陈子才问：“先生常言见得天理，方见得人欲，如何？”冲谓：“才体认便见得天理，亦便见得人欲。盖体认是天理萌动，人心得主宰时也，有主宰便见人欲。文王缉熙，只体认不已，便接续光明去，便容不得一毫人欲，此便是敬止，从此到至善只一条直路。因窃自叹曰：‘明见得这条路在前面，还只不肯走，病果安在耶？’愿赐鞭策。”

文王缉熙敬止，便是止至善，便是体认天理功夫。若见得时，李延平所谓一毫私意亦退听也，岂不便见得人欲乎？若人之酒醒，便知是醉也；若谓明见得这条路在前面，如何不肯走？或是未曾上路也，又何迟回顾虑？无乃见之未明，或有病根，如忧贫之类在内为累故耶？若欲见之明、行之果，须是将习心打破两层三层，乃可向往也。

【97】简静夜默坐澄心内观，求吾所谓天理者，惟见气机之运，生生不息而已。天理非有一物，诚如明训，但颜孟所谓“卓尔”、所谓“跃如”，毕竟何如？不识循此求之，久当有见，将别有一段微妙功夫，而非浅浅者所能及也。敢问？

更无别微妙功夫，只是心存时，得其中正时，勿忘勿助时，便自见得卓尔跃如。皆曰“如”，非真有物也。所谓气机之运，恐未是天理，天理何形？只廓然大公便是。善自体认。

【98】奉自领先生随处体认天理教泽，反而思之，即尧、舜、禹所谓“执中”，汤、武所谓“建中”“建极”，孔子所谓“一贯”，周子所谓“知几”，程子所谓“主敬”，须是无分动静、无间内外、无愧隐显、无易常变，然后谓之随处体认天理。未识可如此致力否？

随处体认天理，是圣学大头脑，千圣千贤同此一个头脑，尧、舜、禹、汤、文、武、孔子、周、程，千言万语，无非这个物，岂有别物？同是这个中路，岂有别路？论语终食之间，造次颠沛必于是而不违；中庸富贵贫贱、夷狄患难，无乎不行。动静内外、隐显常变，无不是随处体认之功，尽之矣。

【99】清问：“上蔡十年功夫，只是去一矜字，夫所谓矜者，如好高好名，不肯服善，好使客气皆是，此是今世痼疾。然欲去

此，清意谓无过虚己，己虚则自然天理发见，胸中洒落，病根可除。上蔡但云：‘按伏得这罪过，方有向进处。’愚恐功夫茫茫荡荡，无所着落，病根隐伏，有时举发矣。请问何如？”

若要去矜，除是体认天理，久则可夺旧习。介卿所谓“虚己则自然天理发见，胸中洒落，病根可除”，此数言最好，见到此，不易得也。盖勿忘勿助，乃是虚己，天理自见，何用想象？见得时，矜复何有？此盛则彼衰，病根不期去而自去矣。上蔡乃欲事事而习之，宜其十年不能去一矜字也。

【100】清问：“昨者坐中一友言夜睡不着，先生谓其未曾体认天理，故睡不着。清因举蔡季通‘先睡心，后睡眼’，文公以为古今未发之妙言之，先生不以为然，岂以其岐心目为二理耶？”

吾意不以为然者，非以岐心目为二理也，只先着一个睡字，便是安排，事事亦复如是。所谓体认天理者，亦非想象，想象亦便是安排，心中无事，天理自见，无事便自睡得着，何意何必！

【101】毛式之日来功夫尽切身，冲家居全得此友往来商确耳，但渠铢较寸量念头尚未肯放下，多病精神不足，可惜也。愿先生疗以一言，渠若见得完全，却会守得牢固。

毛君素笃信吾学，随处体认天理，此吾之中和汤也，服得时即百病之邪自然立地退听；常常服之，则百病不生，而满身气体中和矣，何待手劳脚攘，铢较寸量乎？此心天理譬之衡尺，衡尺不动而铢铢寸寸自分自付，而衡尺不与焉，舜之所以无为而天下治者，此也。此剂中和汤，自尧、舜以来治病皆同。天理人心不在事，心兼乎事也。

（以上数条出自《全集卷六十八·新泉问辨录》）

【102】子嘉问："程子曰：'勿忘勿助之间，乃是正当处。'正当处即天理也，故参前倚衡与所立卓尔，皆见此而已。必见此而后可以语道。或以为勿忘勿助之间乃虚见也，须见天地万物一体，而后为实见。审如是，则天地万物一体与天理异矣。人惟不能调习此心，使归正当，是以情流私胜，常自扞格，不能体天地万物而一之。若能于勿忘勿助之间，真有所见，则物我同体在是矣。或于此分虚实者，独何与？故图说曰：'性者，天地万物一体者也；心也者，体天地万物而不遗。'舍勿忘勿助之间，何容力乎？"

惟求心必有事焉，而以勿助勿忘为虚，阳明近有此说，见于与聂文蔚侍御之书，而不知勿正勿忘勿助，乃所有事之功夫也。求方圆者必于规矩，舍规矩则无方圆，舍勿忘勿助，则无所有事而天理灭矣。下文"无若宋人然""非徒无益而又害之"，可见也。不意此公聪明，未知要妙，未见此光景，不能无遗憾。可惜！可惜！勿忘勿助之间，与物同体之理见矣，至虚至实须自见得。

【103】子嘉问："隐显无间、动静一功，子所雅言也。或者不求立其本体，而专磨炼于事，遂诋静坐者为非。夫静坐不求诸人事，而后可以言偏矣；若专用力于事而不求见本体，则与静坐之弊均矣，又何诮彼耶？不知所谓磨炼者又何物耶？况所谓随处体认天理，非专于事也，体认也者，知行并进之谓也，识得此天理，随时随处皆知行并进乎此天理也，若曰随事，则偏于事而非中正矣。毫厘千里之差，所系不细，伏惟垂教。"

体认天理而云随处，则动静心事皆尽之矣；若云随事，恐有逐外之病也。孔子所谓"居处恭"，乃无事静坐时体认也；所谓"执事敬，与人忠"，乃有事动静一致时体认也。体认之功，贯通动静隐显，只是一段工夫。

【104】白沙先生有言云："静坐久之，然后吾心之体隐显呈露，常若有物。"观此，则颜之卓尔，孟之跃如，盖皆真有所见，而非徒为形容之辞矣。但先生以静坐为言，而今以随处体认为教，不知行者之到家，果孰先而孰后乎？明道先生曰："天理二字，是某体贴出来。"是其本心之体亦隐然呈露矣，而十二年之后，复有猎心之萌，何也？意者体贴出来之时，方是寻得入头去处，譬如仙家之说，虽是见得玄关一窍，更有许多火候温养功夫，非止谓略窥得这个景象，便可以一了百了也。如何？

虚见与实见不同，静坐久隐然见吾心之体者，盖先生为初学言之，其实何有动静之间！心熟后虽终日酬酢万变，朝廷百官万象，金革百万之众，造次颠沛，而吾心之本体澄然无一物，何往而不呈露耶？盖不待静坐而后见也。颜子之瞻前忽后，乃是窥见景象，虚见也；至于博约之功，既竭其才之后，其卓尔者，乃实见也。随处体认天理，自初学以上皆然，不分先后。居处恭、执事敬、与人忠，即随处体认之功，连静坐亦在内矣。

（以上数条出自《全集卷六十九·新泉问辨录》）

【105】闲居未应物时，端坐整顿，提省觉察，扫除伪妄，自谓此便是敬，然只疑敬不止是也。看书见程子说："动容貌，整思虑，则自然生敬。"敬果若是乎？当容貌动、思虑整，即是敬了，如何谓生敬？又曰："敬只是主一，不之东之西，只是中。不之此之彼，只是内。"存此自然，天理即此可知。主一方见天理，非是主一个天理也。至其门人上蔡云："敬只惺惺法。"又云："方其敬也，甚物事换得。"和靖亦谓："其心收敛，更着不得毫发事。"即此可知主一要心中无物。尊师前此每以诲诸生，今略辩此意，不知所自用功夫是否？

主一只主个天理，阳明尝有此言。殊不知无适之谓一，若心主一个天理在内，即是适，即是物，即非一矣。惟无一物，乃是无适，乃是主一，这时节天理自见前矣。观此则动容貌、整思虑未便是敬，乃所以生敬也。

【106】胸中念虑丛生，用力扫除，其惑益甚；优游自适，及觉少之，不知何故？岂有强制之病，而反助其气；优游自适，以其能舍却而无所增减也。然少间，又忽不知所有事。当何要法以处之？

云“舍却而无所增减”最好，即是全放下之意，要法只是体认天理，见天理则邪念不生，而所有事不妄矣。

【107】克道患病，能于此用功而不以病心否？此学造次颠沛必于是，素患难行乎患难者也。今遇此疾病，正颠沛患难之时，宜于此着力，则虽病而心不为之累，即是进步处也。全放下即是着力功夫。

（以上数条出自《全集卷七十·新泉问辨录》）

【108】王元德问：“即天地而见吾之精魂体魄如此其大，若不学问，则老死于愚耳矣。即吾身而见天地之精蕴如此其亲，若不近思，则终于与彼隔绝耳矣。愚而隔绝，不过失魂落魄，苟存于世而已。”

如此看得亲切，说得痛快。人与天地魂魄精蕴合一无二，君子体之以自强不息，才息便与天二，便是死人，安得不失落魂魄？煞要体认。

【109】元德穷思体认天理，不曰某处，而曰随处，最好。随意、随心、随身、随家、随国、随天下，只是一个格物。随性、随情、随形、随体、随礼、随乐、随政、随教，只是一个慎独。随视、随听、随言、随动，只是一个勿。随色、随貌、随言、随事、随疑、随忿、随得，只是一个思。何等容易！何等快活！

此段见得甚好，首二句尤足破惑人之惑，尤好。

【110】夜气之息，平旦之气，最为清明。显每于思时澄心体认，久之心体渐觉广大，而天理忽跃如吾前，谓由此而存存不已，将无时无处不在我矣。事至物来，稍照管不及，便自与己不相干。使提醒得来，亦终不似平旦底境界。敢问功夫何如能浑成片段，使旦昼不异于旦夜乎？

只此可见理气为一，若用功积久，则片段自浑成，气之所发，动无非天理矣。

（以上数条出自《全集卷七十一·新泉问辩续录》）

【111】洪梓问："无在无不在，道体如是，功夫亦如是，此为圣学一贯不遗之旨。姑自饮食一端言之，人莫不曰：'当食而食、当饮而饮，便是道。'然观之程子曰：'别人吃饭从脊皮上过，某吃饭从肚里去。'《中庸》亦曰：'人莫不饮食，鲜能知味也。'盖以言乎心存也，心苟不存，则不知味而从脊皮上过矣；心存云者，非在于饮食，亦非不在于饮食，在而不在者也，君子无终食之间违仁，亦不息此心而已。有在之心，不足以合天心；而无所不在者，又非冥然荡然而无所止也。惟执事敬而忘助无，则庶可以恒见吾心之本体而存存不失。"

无在无不在，于饮食上调停亦切近，处处事事须如此用功。

【112】施大任问："当平旦时，自觉心地明莹、气象清虚，疑此即是天理萌动。及旦昼间遇一事来，此心不免为之昏扰，举动谬迷，去平旦时若远甚，正孟子所谓'梏亡之矣'。切虑人之一身，万事萃焉，安能一无所为？一日之间，安能常如平旦？今欲使遇事如无事时，一日常如平旦时，天理常存、本心常静，其必有至要之

法也。”

当明莹清虚时，这一点大公之心便是天理；若明莹清虚而一无所见，恐又向别路去了。惟常存此心，勿忘勿助时，便常见此，更无别法，稍忘助即失之。

【113】虞史称舜纳于大麓，烈风雷雨弗迷，盖以其处变而不失其常，尤人所难也。释之者曰：“虽其度量有过人者，而天地鬼神亦有以相之，是固然矣。”窃谓圣人之所以大过乎人者，夫岂无自？盖其耕于历山，力行孝弟，一出至诚，是以瞽亦允若，受尧之天下，若固有之处常应变，各适其宜，以其有此具也。如孟子加齐卿相，成霸王之业而不动心，亦自知言养气中来。今人自谓能辩大事、决大议，大率皆气质用事，虽一时建立似有可观，而终非纯王之治，无本故也。儒先有言：“孝弟通乎神明。”又云：“自洒扫应对可到圣人事。”愚亦谓舜处变不失其常，当自其力行孝弟，与夫洒扫应对时求之，而学圣人者亦不外是。请教。

此是知本之论。舜之不迷乃其度量，若以为天地神明之相，则末矣。如《易》之“震惊百里，不丧匕鬯”亦是如此，只到无我之至便能如此。且如雷炮声之击烈，虽壮夫悍人则反惊惧昏倒，未周婴孩则若不闻者，何也？真纯与不真纯之别也，有我与无我之分也，此自难强，皆涵养所至。

【114】王元德问：“欲学在敬，欲敬在一，欲一在审节度，曰‘勿忘勿助’、曰‘无在无不在’、曰‘不离于物而不滞于物’，三句互相发明，所谓自然之度也。寻此一段，颇有凑泊，前此不免时有偏拗而未之定也，今犹未知是否？”

此问比前见得越亲切，紧要在“审节度”一句，此节度是自然之节度。是自然之功夫，便可合自然之本体，可合天然自有之理。

人有欲强为之者，不足以合天，不足以合道矣。

（以上数条出自《全集卷七十二·新泉问辩续录》）

【115】王元德问："前读《中庸》'戒慎乎其所不睹，恐惧乎其所不闻'一段工夫，尚未释然。窃意所不睹不闻之体是用之源，圣人之妙处当无间于动静也，戒慎恐惧之功，亦当无间于动静也，故曰'动亦定，静亦定，无将迎，无内外'。今先生于难语乃言曰：'戒慎恐惧，动时功夫。'又曰：'此四言者之为义，非动而何？'何以独举动而言之，而不合乎静言之也？仰惟尊教云：'动以养其静也，贯动静也，动静无端也。'岂是动静二字，可以往来看乎？动时功夫，动以养静，盖即合动静而言之欤？彼世之动而汩乱，静而归寂者，亦皆谓之不知动时工夫，亦皆谓之不知动以养静也。人之静时，亦可谓之动以养静欤？不然，何以先生于戒惧工夫，独以动时言之，不合乎静而言之也？"

程明道所谓"动亦定，静亦定"者，专为"定"字言之，故合动静而言动静皆定，统言之也。若吾之言"动以养静"，盖以实下工夫言之，盖道之全体不可以动静间也。先儒分戒慎恐惧一节为静存，以慎独一节为动省，故吾以为戒慎恐惧四字，何者是静？才用功便是动，如终日乾乾、兢兢业业、惟几惟康，与《中庸》此二节，皆动时用功，慎动以养其静。静时不可着力，才着力时便已是动了，动以养静，此正是动静合一处，吾子所谓贯动静者是矣，此孔门一贯之学也。既云动静无端，岂可往来看？天道常运不息，人心亦常生不息，不息者，动也，而静在其中矣。其余善自体认。

（《全集卷七十四·新泉问辩续录》）

【116】鄙见谓学者动物必先积诚，穷理必先主静。然积诚非袭取，主静非禅空，故程子见人静坐，必叹其善学。盖静则心虚而理

自见也。他日言不见听，亦自且究谓之诚心不足感人。圣贤之学盖如此。愚尝于待人应物，自谓不敢有伪，然欲习静定志，则未见其底宁，如之何而可也？先生必有以教我矣！

答曰："欲习静定志则未见其底宁者，正为不曾有真见。《大学》曰：'知止而后有定。'知止即是真见也。欲知止即当随处体认天理，天理即所谓止也。若见得，则所谓动亦定，静亦定，而习静不足言矣！若于习静而求定，愈见其不定也。此乃区区初年身亲经历处，非虚言也。孔孟以前论学，即事即心，未尝有静坐之说。明道亦动静皆定，至伊川乃倡静坐之说，末流鲜不入禅者，请于动静两忘，体认天理乃定，定久则诚。"

【117】鄙见谓毁誉者，爱憎之常情。死生者，聚散之常理。知此，则处之各顺其常，而心自安矣！人惟罹之而不加察，故誉则不胜其忻，毁则不胜其戚，不知原无加损也。父母兄弟之丧，妻妾儿女之没，哀之情也；然或有时而过，而遂因以伤其生，不知生死者数，理之恒无而有，有而无者也。吾痛夫吾尚困于是而未之脱然也。

答曰："须知无加损者何物。若未见得这物，只在躯壳上起念，是以不能不动于毁誉死生也。若见得，则死生毁誉元不相干涉，其要只在体认。"

【118】鄙见谓七情易发而难制者，莫如怒。程子谓"当怒时遽忘其怒，而观理之是非"，无乃以理御气！然忿怒为累亦自不细，寻常思欲察而制之，及怒时，又往往不能如程子所云者，窃念毕竟坐未尝实用其力故耳！先生往在京邸，亲见庆得心疾，言犹在耳，后王公济亦投书以为宜戒暴怒。今亦何敢谓发各当理，然所谓暴怒自谓鲜矣！师友之益人大哉！

答曰："圣贤之学只在性情上理会，故孔子不怨天、不尤人，颜子不迁怒、不贰过，其要只在平时时时存心体认，遇有怒即知，不发得暴。程子之言不过使初学如此体验耳！若学之功，岂可到这时节才忘怒观理耶？患制怒不能者，只是心不存，体认之功疏耳！”

【119】鄙见谓：“万物皆有可观，苟有可观，即有可乐。然清而逸者莫如鹤，瘦而劲者莫如竹，淡而香者莫如梅、菊，远之可望，近之不厌，莫如山水。是故君子观鹤则思清逸之士，观竹则思孤介之士，观梅、菊则思隐遗之士，观山、水则思仁、智之士。不然，徒以物而已矣！不正为玩物丧志乎！未知是否？”

答曰：“以我观物则物物有益，以物迁我则物物丧志。故我立而后可以观物。欲立我者，存其心，体认天理是也。”

（以上数条出自《全集卷七十五·问疑录》）

【120】戊子岁，隆奉母夫人丧归，舟过南京上新河，风雪中，蒙师枉吊。坐顷，隆问：“寻常外事，此心殊觉容易放下，独于此生一念不能释然，往往觉得贪生恶死意思在，何也？”师曰：“此只就自家躯壳上起念故尔，若就天地万物上起念，则知天地之化，自生自死，自起自灭，于我了无干涉，何忧何虑而贪生恶死？此等去处看破，则忧虑自然无矣。”隆于此念极去不得，每思邵子元会运世至人消物尽之说，不觉中夜拍床起坐，家人以为狂。闻师此说，才觉去得一二分，然尚未能尽除。如何？

只是如此，更无别事。朝闻夕死而可，只是闻此而已。体认愈深，愈见得精切，此是学者大头脑处，虽终身学之，亦不过此。

（《全集卷七十七·金台答问录》）

【121】阳明不专于静之说，即仆之说也。古之论学未有以静坐为言者，而程氏言之，非其定论，乃欲补小学之缺，急时弊也。

后之儒者，遂以静坐求之，过矣。古之论学未有以静为言者，以静为言者皆禅也。故孔门之教，皆欲事上求仁，动时著力，何者？静不可以致力，才致力即已非静矣。故《论语》曰：“执事敬。”《易》曰：“敬以直内，义以方外。”《中庸》“戒慎恐惧慎独”，皆动以致其力之方也。何者？静不可见，苟求之静焉，骎骎乎入于荒忽寂灭之中，而不可入尧舜之道矣。故《易》曰：“复其见天地之心乎！”复也者，一阳动也。非复则天地之心不可得而见矣。天地之心不可得而见，则天理或几乎息矣。故善学者，必令动静一于敬，敬立而动静混矣。此合内外之道也，性之德也。虽然，言之易，行之难，非一朝一夕之故也。当为吾兄共勉之，以倡明斯道。幸甚。

（《全书卷八·答余督学》）

【122】涵养须用敬，进学在致知，如车两轮。夫车两轮，同一车也，行则俱行，岂容有二？而谓有二者，非知程学者也。鄙见以为如人行路，足目一时俱到，涵养进学，岂容有二？自一念之微，以至于事为讲习之际，涵养致知，一时并在，乃为善学也。故程子曰：“学在知所有，养所有。”宜更玩之。鄙见以为，此道体用一原者也。故只是一段工夫，更无两事，谨独即是戒惧，所以养其体，直扩充至位育之大用，亦不离于谨独。克己格致皆知行，此也。至天下平皆是一贯。然致中和平天下皆工夫，亦是谨独充之。如云尧舜之道，不以仁政不能平治天下，岂可谓格致天下平便无所事？中间扩充乃是至诚不息之道，如一根树由萌蘖至结子，皆是一气也。

（《全集卷八·答太常博士陈惟浚六条之二》）

【123】格物之说甚超脱，非兄高明，何以及此！仆之鄙见大段不相远，大同小异耳。鄙见以为格者至也，“格于文祖”，“有苗

格”之格。物者，天理也，即“言有物”“舜明于庶物”之物，即道也。格即造诣之义，格物者即造道也。知行并造，博学、审问、慎思、明辨、笃行皆所以造道也。读书亲师友酬应，随时随处皆求体认天理而涵养之，无非造道之功。意、身、心一齐俱造，皆一段工夫，更无二事。下文诚正修功夫皆于格物上用了，其家国天下皆即此扩充，不是二段，此即所谓止至善。故愚尝谓止至善则明德亲民皆了者，此也。如是方可谓之知至。若夫今之求于见闻之末，谓之知至可乎？知至即孔子所谓闻道矣，故其下文以修身释格物，而此谓知之至，可征也。故吾辈终日终身只是格物一事耳。孟子“深造以道”即格物之谓也。“自得之”即知至之谓也。“居安资深逢原”即修齐治平之谓也。

（《全集卷八·答阳明》）

【124】两承手教格物之论，足仞至爱。然仆终有疑者，疑而不辨之则不可，欲辨之亦不可。不辨之，则此学终不一，而朋友见责。王宜学则曰：“讲求至当之归，先生责也。”方叔贤则亦曰：“非先生辨之，其谁也？”辨之，则稍以兄喜同而恶异，是己而忽人。是己而忽人，则己自圣而人言远矣，而阳明岂其然乎？乃不自外而僭辨之。盖兄之格物之说，有不敢信者四。自古圣贤之学，皆以天理为头脑，以知行为工夫，兄之训格为正，训物为念头之发，则下文诚意之意，即念头之发也，正心之正即格也，于文义不亦重复矣乎？其不可一也。又于上文知止能得为无承，于古本下节以修身说格致为无取，其不可二也。兄之格物训云：“正念头也。”则念头之正否，亦未可据。如释、老之虚无，则曰：“应无所住而生其心”，无诸相无根尘，亦自以为正矣。杨墨之时皆以为圣矣，岂自以为不正而安之，以其无学问之功，而不知其所谓正者乃邪，而不自知也。其所自谓圣，乃流于禽兽也。夷、惠、伊尹、孟子亦

以为圣矣，而流于隘与不恭而异于孔子者，以其无讲学之功，无始终条理之实，无智巧之妙也。则吾兄之训徒正念头，其不可三也。论学之最始者，则说命曰："学于古训，乃有获。"《周书》则曰："学古入官。"舜命禹则曰："惟精惟一。"颜子述孔子之教则曰："博文约礼。"孔子告哀公则曰："学、问、思、辨、笃行。"其归于知行并进，同条共贯者也。若如兄之说，徒正念头，则孔子止曰"德之不修"可矣，而又曰"学之不讲"，何耶？止曰"默而识之"可矣，而又曰"学而不厌"何耶？又曰"信而好古敏求者"何耶？子思止曰"尊德性"可矣，而又曰"道问学"者何耶？所讲、所学、所好、所求者何耶？其不可四也。考之本章既如此，稽之往圣又如彼，吾兄确然自信而欲人以必从，且谓圣人复起不能易者，岂兄之明有不及此？盖必有蔽之者耳。若仆之鄙说似有可采者五。训格物为"至其理"，始虽自得，然稽之程子之书，为先得同然，一也。考之章首"止至善"，即此也，上文"知止、能得"为知行并进，至理工夫，二也。考之古本下文，以修身申格致，为于学者极有力，三也。《大学》曰："致知在格物。"程子则曰："致知在所养，养知在寡欲。"以涵养寡欲训格物，正合古本以修身申格物之旨为无疑，四也。以格物兼知行，其于自古圣训学、问、思、辨、笃行也，精一也，博约也，学古、好古、信古也，修德、讲学也，默识、学不厌也，尊德性、道问学也，始终条理也，知言养气也，千圣千贤之教为不谬，五也。五者可信，而吾兄一不省焉，岂兄之明有不及此？盖必有蔽之者耳。仆之所以训格者，至其理也。至其理云者，体认天理也。体认天理云者，兼知行合内外言之也，天理无内外也。陈世杰书报吾兄疑仆随处体认天理之说，为求于外，若然，不几于义外之说乎？求即无内外也。吾之所谓随处云者，随心、随意、随身、随家、随国、随天下，盖随其所寂所感时耳，一耳。寂则廓然太公，感则物来顺应，所寂所感不同，而皆不离于吾心中正之本体。本体即实体也、天理也、至善也、物也，而谓求之外，可乎？致知云者，盖知此实体也、天理也、至善也、物也，乃吾之良知良能也，不假外求也。但人为气习所蔽，故生而蒙，长而不学则愚，故学、问、思、辨、笃行诸训所以破其愚，去其蔽，警发其良知良能者耳，非有加也，故无所用其丝毫人力也。如人之梦寐，人能唤之惺耳，非有外与之惺也。故格物则无事矣，大学之事毕矣。若徒守其心而无学、问、思、辨、笃行之功，则恐无所警发，虽似正实邪，下则为老、佛、杨、墨，上则为夷、惠、伊尹是也。何者？昔曾参芸瓜，误断其根，父建大杖击之，死而复苏。曾子以为无所逃于父为正矣，孔子乃曰："小杖受，大杖逃。"乃天理矣。一事出入之间，天人判焉，其可不讲学乎？诘之者，则曰："孔子又何所学？心焉耳矣。"殊不知孔子至圣也，天理之极致也，仁熟义精也，然必七十乃从心所欲不逾矩。人不学，则老死于愚耳矣。若兄之聪明，非人所及，固不敢测，然孔子亦尝以学自力，以不学自忧矣。今吾兄望高位崇，其天下之士所望风而从者也，故术不可不慎，教不可不中正。兄其图之！兄其图之！则斯道可兴，此学可明矣。若兄今日之教，仆非不知也，仆乃尝述方之人也。且仆获交于兄十有七年矣，受爱于兄亦可谓深矣。尝愧有怀而不尽口，将为老兄之罪人，天下后世之归咎，乃不自揣其分，倾倒言之。若稍有可采，乞一俯察，若其谬妄，宜摈斥之，吾今可默矣。谨启。

（《全集卷九·答阳明王都宪论格物》）

【125】明道看喜怒哀乐未发前作何气象，延平默坐澄心体认天理，象山在人情事变上用工夫，三先生之言，各有所为而发，合而观之，合一用功乃尽也。吾所谓体认者，非分未发已发，非分动静。所谓随处体认天理者，随未发已发，随动随静。盖动静皆吾心

之本体，体用一原故也。如彼明镜然，其明莹光照者，其本体也。其照物与不照，任物之来去，而本体自若。心之本体，其于未发已发，或动或静，亦若是而已矣。若谓静未发为本体，而外已发而动以为言，恐亦有岐而二之之弊也。前辈多坐此弊，偏内偏外皆支离，而非合内外之道矣。吾《心性图》备言此意，幸深体之。

（《全集卷九·答孟生津》）

【126】夫道者之于圣人，虽大不侔，然有以自立，形骸皆忘，风雨、雷霆、晦冥、寒暑之代乎吾前，吾未尝见之，又安能为我动？匪直不为我动也，天地造化将在我掌握中矣。此道家之说矣。然圣人不贵之，为其虚而无实，实与理相碍而不相入也。故舜纳于大麓，烈风雷雨弗迷，而孔子迅雷风烈必变，所以敬天也，天理也。仁者不忧，勇者不惧，智者不惑。吾将有以告吾子者，而吾子弗我问。于此勘不破，则一梃之木将压我而无有矣，岂但雷乎？吾子之病根正在此。此必往年为雷所惊，因此为心病，故有此狂惑之言。此不可不理会。程子云："目畏尖物，室中悉置尖物，久之则自不畏。"此犹是就一处言之耳，若直穷其理而养之，则自无此病矣。不然雷者天地至灵之神也，岂拘拘求一善人如吾子者哉！此所谓吾理义之甲兵，孔门之力士也。候面尽之，且安心。

（《全集卷九·答霍平易》）

【127】敬字，宋儒之论详矣。惟明道主一之言至当。所谓主一者，心本无一物，若有一物即非一矣。又恐人以主一为滞著于物，故又加之云："无适之谓一。"若了悟主一之旨，即不消云无适矣。若以主一无适兼言敬字，不免重赘也。若畏字尤难说。至如来札所谓敬亲、敬君、敬师有差，无乃俗态耳。此乃因物而迁，乃所以为不敬也。若事君亲师，非致敬，何常有一物耶？此乃紧要处，

须索理会到底也。

（《全集卷九·答黄孟善二条之二》）

【128】某拜复高士古源李君贤契道盟。馆下二贤嗣赴试来见，即如觌颜色矣。读来书，即如闻謦欬矣，何慰如之！来谕问以改毁书院动心否？此切问也。身外万有皆非真我，非真我则机不在我，人皆可得而夺也。若夫真我得之于天，天既与我，天亦不能夺也。至于书院之改毁，吾亦若有动心者，其诸异乎人之动心也，为斯文斯世动心也。古源其亦动心否乎？近戒文字言语，神交亭记，久已许古源矣，不可负初心，此盖夙债也。此种道理似亦不可不一发者。其所书六字诀，其实功须于勿忘勿助之间求之，古源其必已下手矣，自知之矣。自知之而犹言之者，所以叮咛于此。入冬及春，当请归。若遂，吾其在罗浮祝融之上矣。君能索我于朱陵、朱明之间乎？灯下捉笔不既。丁酉八月二十六日

（《全集卷九·答李时龙》）

【129】形骸属之于天，天能夺之；福泽属之于人，人能夺之；其机非在我者也。至于天之所以与我之性，其机之在我者，天亦莫能夺也，而况于人乎！而况于彼其之子乎！是故吾能握吾之机，则凡横逆之来，适足以为进德之地，比之攻玉之石耳。此心质之鬼神而无疑，百世以俟圣人而不惑者，又安往而不泰然耶！

（《全集卷九·答戚黄门秀夫贤》）

【130】一念之萌，便有二者之别，便有古今圣愚之分。为己者，无所为而为；为人者，有所为而为。无所为而为者，便是公心。一念公，则无所不公。有所为而为者私，一念私，则无所不私。譬如五谷之种布在地上，便生出五谷来。荑稗之种布地上，便

生出荑稗来。自有不可遏者，亦自有不可掩者。何谓己？夫人只有个心、性与身；此心，己之心也；此性，己之性也；此身，己之身也。存己之心，养己之性，修己之身，无非在己者。舜、禹有天下而不与，何与于人？故古人存心养性之学，修身之学，始终一念为己。何谓人？今夫一毁一誉，人自是非之；一官一爵，人自与夺之；富贵利达，人自主张之；无非人者。赵孟之所贵，赵孟能夺之，何与于己？惟今人为富贵利达之求，计功谋利之学，发策决科之学，始终一念为人。夫为人之学，终必失己，为己之学，终必及人。故程子有云："古之仕者为人，今之仕者为己。"白沙先师云："学为己，故其仕也为人；学为人，故其仕也为己。"学为己，仕为人，则充其类，必至于道济天下，功施万物，参赞天地，乐孰大焉！学为，人仕为己，则充其类，必至于以嗜欲役身，以货财杀子孙，以学术杀天下后世，败人家国，祸孰大焉！尔诸生为学之初，其尚慎所决择乎！二者之间，谨于一念之微也哉！

（《全集卷十三·天关精舍讲章》）

【131】或问曰："心不同乎？"曰："否。"曰："立心有异乎？"曰："然。""然则心有内乎？"曰："心无内而有静。""心有外乎？"曰："心无外而有动。既曰有静，静而不弛，斯不亦内矣乎？既曰有动，动而不返，斯不亦外矣乎？故动者外之机，其流也为人。静者内之机，其实也为己。故为人者，务外之谓也；为己者，务内之谓也。务外者，妄动之谓也；务内者，主静之谓也。动静之机，内外人己之间也。""然则如之何？"曰："动乎动，而不离于静，故不流；静乎静，而不离于动，故能实。藏心于晦，发而愈明，神之贞也；役志于明，久而滋晦，神在外也。《中庸》曰：'君子之道，暗然而日章，小人之道，的然而日亡。'"

（《全集卷三十一·立心篇》）

【132】甘泉子曰：孟子之言求放心，吾疑之。孰疑之？曰：以吾心而疑之。孰信哉？信吾心而已耳。吾常观吾心于无物之先矣，洞然而虚，昭然而灵。虚者，心之所以生也；灵者，心之所以神也。吾常观吾心于有物之后矣。窒然而塞，愦然而昏。塞者，心之所以死也。昏者，心之所以物也。其虚焉、灵焉，非由外来也，其本体也。其塞焉、昏焉，非由内往也，欲蔽之也，其本体固在也。一朝而觉焉，蔽者彻，虚而灵者见矣。日月蔽于云，非无日月也；鉴蔽于尘，非无明也；人心蔽于物，非无虚与灵也。心体物而不遗，无内外，无终始，无所放处，亦无所放时，其本体也。信斯言也，当其放于外，何者在内？当其放于前，何者在后？何者求之？放者一心也，求者又一心也，以心求心，所谓憧憧往来，朋从尔思，祇益乱耳，况能有存耶？夫欲心之勿蔽，莫若寡欲，寡欲莫若主一。

（《全集卷三十一·求放心篇》）

【133】甘泉子曰：古之学者本乎一，今之学者出乎二。予以四箴“存中以应外，制外以养中”，惠教后世学者至矣。使其知合观并用之功，则善焉。如其不然，或有分崩离析之患，而昧精一易简之学矣。予为此惧，推程氏之意以达孔、颜之指，为作四勿总箴，庶学者知合内外之道，以不贰乎一贯之教焉。

心含天灵，灏气之精，与地广大，与天高明。惟精惟灵，贯通百体，非礼一念，能知太始。事虽惟四，勿之则一，如精中军，八面却敌。精灵之至，是谓知几，颜复不远，百世之师。圣远言湮，多岐支离，一实四勿，毋贰尔思。

（《全集卷三十二·四勿总箴有序》）

卷五 家 道 凡二十九条

导读：《大学》中讲“身修而后家齐”，己身已修，便可治家。《家道》一卷收入湛若水对如何治家的一些讨论，涉及如何对待父母长辈，如何与兄弟相处，也涉及一些在家庭生活中所要面对的礼仪规范，例如冠礼、婚嫁之礼、丧礼、祭礼以及宴客之礼，等等。湛若水治家之道的基本立场是从他的一体观贯彻下来的，凡家之种种（包括家庭成员）无不是己身一体不容已之相关者，这正是理解他治家思想的一把钥匙。

【1】或问：“庙祀。”曰：“祭之犹丧也，继哀以养也。三年之丧自天子达，而祭之独不得达乎？故人之丧也，四世而服尽，则亦必四世而祭尽也。”曰：“礼，官师一庙而祖祢同，何如？”曰：“庙有多寡，以定上下之伦，义也。无庙而祭未尽者，官师同庙，仁也。”曰：“不备庙者则如之何？”曰：“于一庙之中，室东西一，祀高曾。其东西少前而却，为室二，祀祖祢。室其中北一，祀始分之祖，其别子小宗也。故四代迁而始祖不迁，以系族也。祭则各献以专其尊也，庶乎得孝子仁人之心矣。”曰：“祀始分祖岂有僭乎？”曰：“人莫不有始也，忘始者不仁不孝。”

（《全集卷一·樵语》）

【2】夫妇者，阴阳之象也。男健女顺者，刚柔之象也。日作夜

息者，动静之象也。男外女内者，天地之象也。成男成女者，万物之象也。有阴阳而后有刚柔，而后有动静，有动静而后有天地，有天地而后有万物。

【3】精气为化。知变化之故，则知鬼神之情，知鬼神之情，故知祭祀之义，知祭祀之义则几矣。

（以上两条出自《全集卷二·新论》）

【4】诸生居山日久，须要归省，以致孝养之诚，即此是学。事父母兄长之际，亦自验其诚切，与平时进退何如。若见父兄愉悦，便是已学进处，不然未见实力。

【5】诸生以时归省，宗族乡党相遇以礼，必致其敬老慈幼之诚，使一家一乡，和气浃洽，乃见学问。

（以上两条出自《全集卷五·大科书堂训》）

【6】徐世礼问："孝弟为仁之本，何谓也？"甘泉子曰："仁也者，吾心之生意也。孝弟也者，又生意之最初者也。察识培养，推其爱以达于其所不爱，推其敬以达于其所不敬，而仁洽天下矣，而谓有子之支离。异哉！象山之惑也。"

【7】门人问："学何为？"甘泉子曰："人之一身，其天地之身与！其父母之身与！故不学则不能省天地，不仁耳矣；不能全归父母之所生，不孝耳矣。不仁不可以为人，不孝不可以为子。"

【8】有孝子进谒，甘泉子语之曰："由尔孝心扩而充之，通于神明，光于四表矣。孟子曰：'苟能充之，足以保四海，不能充

之，不足以保妻子。’子毋以一节自足。”

【9】或问：“人有恒言曰‘务实’，何谓也？”甘泉子曰：“知实然后能务实。夫事亲，仁之实也；从兄，义之实也；良心之真切也。知之真，扩之力，斯曰务实尔矣。而实之未知，而惟曰务实务实，其实匪实。”

（以上数条出自《全集卷六·雍语》）

【10】夫常人不知此身与天地万物一体之义，每于躯壳上起念头，故常与人分尔我，相忿斗，相竞利，至于相伤杀，连其身家亦亡灭，何益之有？至同胞共父兄弟亦然，不知此身兄弟出于父母一体之义，每于躯壳上起念头，故常与兄弟分尔我，相忿斗，相争利，甚至于相伤相杀，连其身与所爱妻子亦亡灭失所，何利之有？若有善人君子知天地万物一体之义，与人物皆春，多少广居，多少宽平田地，受多少安乐富贵。若兄弟知同出父母一身之义，则疾痛疴痒无不相关，必相友爱，必相护卫，如手足之捍头目，自不相离，何至分居别业？自识者观之，分居别业，私财私妻子，如手足四肢百体，肢肢体体各私自爱，各不相顾，如人身肢解一般，是养其一肢一体而失其百肢百体，是痿痹之人不知痛痒，连其身不能自保，安能保其妻子？闻吾五房祖有盟：凡吾子孙，起创前屋，不许盖楼屋压后屋，以存手足相顾之义，有犯者，众攻之。沙滘有某人起楼压族人，致人命矣，戒之。

（《湛氏家训卷一·明一体》）

【11】吾每见凡人多有爱其妻子，薄其父母兄弟者。何不反思我心之爱妻子如此，父母岂不亦同此心，爱我亦复如此。父母爱我兄弟亦复如爱我之心。父母爱我，而我爱之反不如爱妻子，可谓孝

乎？父母爱我兄弟如爱我，我爱之乃不念同胞之义，不念父母同体之遗，可谓友乎？不孝不友，可谓有人心乎？殊不知己身乃父母之体，兄弟乃父母一体之分，知此必不至于私财私妻子，必视兄弟如妻子，必能公财，可以长保富也。尔宜深思之，吾将有善处通融之法。

（《湛氏家训卷二·推爱》）

【12】凡父母在，兄弟不得各爨。每晨与兄弟同造父母之所，问夜寝安否，食能美否。父母问诸子过失否，过失安在，各前跪对。诸妇女相率造姑之所，问夜寝食安否，亦如之，姑问妇之过失，亦如之。子之子若孙之成人者，其问安否，亦如之。退各事其事，明日亦如之。

（《湛氏家训卷六·问安省过》）

【13】今之乡俗，子冠，多不行冠礼。冠礼最不可废，冠礼有三加三祝，所以责成人也。不行冠礼，何以责成人？故吾尝谓冠礼废，则天下无成人矣。凡我子孙，宜考古礼行之。

（《湛氏家训卷十二·明冠礼》）

【14】嫁女之道，在在奢侈，吾邑尤甚，至用金四五十两，用银数百两。人心竞胜，不足之家多有损世业而为之者，岂不得罪祖宗彼亦岂不知爱惜，但为世情所移，而家世无一定之法以守之耳。我合酌为定法，夫用金已自违制，今循俗用之，只许用金十两，可备首饰，白银止许打杯盆之类，而四十两，若过数多，即是不孝。

（《湛氏家训卷十三·明婚礼》）

【15】古人之娶妇，须求不及吾家。盖妇家贫，则妇不骄，而婿不侈不纵，观于梁鸿之于孟光之意可见。语云：“娶妇论财，夷

虏之道。”夫夷虏者，岂非人之所耻乎？乃有甘心以自喜者。吾之子孙，宜深戒之。只观得妇财者，成家有几多？至放纵及其至也，连己家之旧业亦多耗散，有因而忘其性命者。今酌聘亲之礼，银二十两，金钗一对，其余饮食之品，亦有定数，不许过多，不许需索妇家财物。

（《湛氏家训卷十四·明娶妇》）

【16】丧礼，送终之道，所宜慎重。父母年老，宜仿古人岁制月制之义，预求丝绢为衣衾之类之需。富则可用纻丝，厚于爱亲，亦不为过；盖丝绢入地最耐久，切不宜用棉布入地，不过一月即朽。棺木用楠木之高者，犹胜于用杉木之低者。其葬宜用灰、镉、三合土坚筑之，久则化为全石，可与天地同不朽矣。俗礼，凡来吊丧及来送葬者，多待以酒肉，与吉礼无异，此大不可；不得已托亲戚置食于别所、别山不近坟处，然犹戒不设酒，以存吊客之哀可也。

（《湛氏家训卷十五·明丧礼》）

【17】待客之礼，两京太侈，添肴至三四十上，尽为隶卒所费，岂不暴殄天物。吾乡风俗亦奢，一待客之设，动为二三十盆碗，必用山装，山装必用肉一斤有余，所费不小。吾告尔子孙为待客之规，止用四果八盆，以四品两成之，止用酒三五行，二汤一饭，便可致诚敬。若初到亲家及官客，用看桌五牲；其再会寻常亲客，则用果桌，果肴各五品，三汤一割两割，酒五七行即饭，出而散，不可留连放纵，教子孙习为奢侈，流荡害事。

（《湛氏家训卷十七·明礼客》）

【18】人身与天地之气一体相通。天气昼为阳，夜为阴；阳者为神，阴者为鬼；人醒则为阳为神，睡则为阴为鬼；故大禹、周公

皆坐以待旦，惜寸阴。邵尧夫诗云：“幽暗岩崖生鬼魅，清平郊野见鸾凤”，孟子“鸡鸣而起，孳孳为善”，吾未见有好睡成人成家者。朱文公平生未有不鸡鸣起者，吾窃效之，亦平生未有不迟睡早起者。吾往在南监祭酒，公务人事颇多，欲编《格物通》书，必三鼓乃睡，鸡鸣即起，从事于三年，乃成书一百卷，又成《诗教》三册，若早眠晏起，岂能成事？尔子孙辈，宜法吾之勤，鸡鸣即起，百事可理也，念之念之。

（《湛氏家训卷二十一·勉勤励》）

【19】简曾、祖父皆次子，而嗣宗者多弗克祀。简祀曾与祖而附其兄，则既已而不敢矣，但吾伯于亲为近，而其子尤不肖且贫，简欲祭则僭，欲祔则逆，欲舍置之，则行且废祀。然则若何使心安而礼从也？敢请。

礼：支子不祭。又支子为大夫以上，牲祭于宗子之家。宗子乃祖父正体，为父祖后，故得祭，祭则飨也；支子非正体，不为父祖后，故祭则不但僭而已，恐神亦不飨也，故神不飨非类，亦如此。礼：敬宗所以尊祖。故于宗子正欲培植，立祖父祠，每祭使宗子行之。若牲品物，宗子贫不能备者，支子为大夫，备之，至于祭服，亦须为之制，遇行礼时，则服之可也。宗子之祢，亦该入祖祠，支子之父则不得入，别立祠可也。

（《全集卷六十八·新泉问辩录》）

【20】今之教人者，有谓先孝悌而后心性，以孝悌乃庸行之常，学者易于学，教者易于教，非若心性之有难于语人者。

孝悌即是心性真切处。谓先孝悌而后心性者，徒以服劳奉养、徐行后长之事为孝悌耳。此等学者，便不识心性，乃俗学也。

（《全集卷七十二·新泉问辩续录》）

【21】惟天地定位，类聚群分，圣人设教，敦族明伦。人之有伦也，自有男女斯有父子，有父子斯有兄弟，有兄弟斯有朋友，有朋友斯有君臣。故人伦之行也，始于父子、兄弟、夫妇之间，化诸家而后及诸国。是故圣人立宗法以正之。人伦正而风俗化，风俗化而天地位、万物育。后世宗法既坏，事无统纪，故有亲疏上下戕灭无伦之患生。族谱所以起，而韩氏所以作也。夫物之生也，必有所本，故首之以姓源。姓之繁也，析而视之，莫易于图，故次之以世系。世系详矣然后谱可明，故次之以行实，行实本谱也。行实着矣，然后功德可征，故次之以恩命之录。功之起也，必有所始，故次之以贴黄之录。念祖报功，必将想其形容而像其文物，故次之以衣冠之图。夫思而像之，必将时其荐事而类其精魄，故次之以祠堂先茔之录。孝思之至，莫大乎不坠，贻谋是继是图，胤庆永孚于休，故终之以遗言家规之录。夫谱有孝敬之道八焉，以永思者视其原，以昭穆者视其序，以亲亲视其宗，以老老者视其年，以贵贵视其爵，以功德者视其行，以世守者视其规，以文献者视其籍。是故孝子慈孙之事毕矣。家道正而教化兴，和气格矣。故斯谱之义备矣。

（《全集卷十四·东鲁韩氏族谱序》）

【22】甘泉子曰：族谱之作，其起于中古乎！宗坏而后谱作，谱作而后分明，分明而后义生，义生而后礼行，礼行而后祖尊，故人伦正而风俗厚矣。是故正名分，兴礼义，莫大乎谱。

（《全集卷十五·叙谱》）

【23】甘泉子曰：“人子之孝敬，以寿其亲也，在其身，而在人乎哉？夫父称乾，母称坤；乾为天，坤为地；天司生，地司成。生主易，成主简；易以知，简以能；知以应天之清，能以应地之宁。故父母者，天地之象也；万物者，男女之象也。夫万物不生，

则大地或几乎息矣。是故天地不宰，万物成能；父母匪寿，人子是荣。今子谓以万物颂天地乎？抑以人子荣父母乎？吾是以不言也。”

（《全集卷十七·李氏双寿序》）

【24】甘泉子曰：“为谱者，其知道乎！其宗法之遗乎！其诸后世之事乎！王者之风衰而封建废，封建废而宗法亡，宗法亡而后谱作。故谱者，存宗法以教仁孝于天下也。今夫人惟不知身之所自出，则不知敬其父以及其祖，而孝道几乎息矣。人惟不知身之所同出，则不知爱其兄弟以及其同气于祖者，而仁道或几乎息矣。是故夫谱者，以明仁孝之道者也。佛山梁氏之有谱，以广仁孝也。梁氏之子职方君日孚焯学于阳明，立身行道，以修仁孝，虑无以谕诸其族之人。故夫欲族之人，父慈、子孝、兄友、弟恭，则非尽可以言谕也。谕之以言者，莫若谕之以实矣；谕之以实者，莫若示之以象矣。是故循名观实，莫大乎谱，立象垂教，莫大乎图。知道者，观诸谱图焉，斯过半矣。是故于其图也，自吾身而上达之吾父母，而吾祖，而吾曾祖、高祖，以及于始之一人，则孝敬之念油然而生矣。自吾之兄弟而旁达之吾父之兄弟、而祖之兄弟，以及于始之同气，则友爱之念油然而生矣。于其谱也，某祖功、某考德、某子忝尔祖、某孙坠厥业，以及于吾身，则立身行道之心惕然而生，而慈孝友恭之教勃然而兴。”

（《全集卷十七·南海梁氏族谱序》）

【25】程生来观光，从甘泉子游者六月矣，以其家君讷庵五月逢悬弧之辰，问于甘泉子曰：“辙也以侍教，不得归称爵，愿闻寿之道，将寓于家君，可乎？”甘泉子曰：“子学孔子，不闻孔门之寿乎？曰‘仁者寿’，子欲问寿，盍先问仁！”程生曰：“愿闻仁者之所以寿也。”甘泉子曰：“天地之大德曰生，圣之大德曰仁。

夫仁也者，人之生理也，得生理则生生而不息。夫天地之长久，生生而不息而已焉耳。”程生请益。甘泉子曰：“愿而家君仁其心，使心志虚明，浑浑乎！盎盎乎！与天地相似，则德不朽矣。”程生又进而请益焉。甘泉子曰：“愿而家君仁其身，使四体胖焉而长春，坦坦乎！申申乎！与天地之周旋相似，则业不朽矣。”程生又进而请益焉。甘泉子曰：“甚哉！程氏之子爱敬其亲也。其寿之无疆乎！欲而家君仁其子孙，以裕于后，使子子孙孙求仁焉，以生生于无疆，与天地之发育相似，则世德世业且不朽矣。其寿也不亦至乎！虽然，前二者，吾子其致寿于家君，若夫后之贻寿于子孙者，吾于家君命子之久学于观光验之矣。”

（《全集卷十九·问寿序》）

【26】夫自宗法坏则伦理紊，伦理紊则爱敬衰，爱敬衰则仁义灭，仁义灭则人道不立矣。夫立人之道，曰仁与义而已。仁义之道，理一分殊而已。故理一分殊之道莫先于家，莫明于谱也。谱作则纵而观之，由吾子侄而吾兄弟、而吾伯叔考、而吾祖、而吾曾祖、而吾高祖，以及于始祖焉，其同气而理一矣，宁忘爱乎！自其错而观之，由吾子侄之子、而吾兄弟之子、而吾伯叔考之子、而吾祖之子、而吾曾祖之子、而吾高祖之子，以及于始祖之所出焉。尊尊亲亲，其义异而分殊矣，宁忘敬乎！知一本而爱，则知所以为仁；知分殊而敬，则知所以为义。仁义尽则家道正，家道正则教化行，教化行则风俗厚，风俗厚则天地位万物育，而人道立矣。谱之义不既大乎！

（《全集卷二十一·宣城陈氏族谱序》）

【27】杨子虞亮始从甘泉子游，学圣贤之道，曰：“道乎安在？”甘泉子曰：“道乎在忠，道乎在孝。”曰：“曷谓孝？曷谓

忠？”曰：“中心则忠，因心则孝。是故忠孝之致，本诸心也。本诸心也者，心学也，道之原也。故因心之忠，致其忠孝，而圣学之要尽之矣。故致忠以事君，事君以事天，所以尊尊也；致孝以事亲，事亲以事地也，以亲亲也。尊尊亲亲，而后臣子之道、生人之理可尽。以此格于天地，通于神人，圣学之至也。”杨子曰：“然则恺也将何学矣？吾其学孝乎？吾有惩焉。自吾举进士，试令于苍梧，禄未及养，而吾考某府君不幸而奄弃焉，痛憾莫之及已。今独可遗吾母以复仕乎？吾其归养以全吾孝矣。”甘泉子曰：“吾子过矣。吾子教成于君，策名于君，冒君之荣，未及陈力以图报焉，而一惟私之顾，可谓忠乎？事君不忠，可谓孝乎？”杨子勉而复尹兴化。兴化，岩邑也，其民狡而厉，杨子则锄治之尽法。法行而豪奸敛迹，治有贤声。起而为地官郎，未阅月，曰：“吾报君之志少酬矣。吾可遗吾母以久仕乎？”乃积思而泣，泣尽而血，血尽而濒危，上疏归养。卿佐闻者咸怵惕焉。甘泉子曰：“孝哉！杨氏之子，其可与入尧舜之道矣，此其时矣。世有沉迷仕途而忘其亲者，何也？夫母老而病，病而废明，侍下乏人，待子为命。而或一惟官爵之縻，而谓孝乎？事亲不孝，曷以移忠乎？是故杨子昔也之仕，效忠以全孝之道也；今也之归，全孝以为忠之本也。《记》曰：‘求忠臣者必于孝子之门。’吾子勉焉！吾子勉焉！是心也，扩而充之，可以动天地、感神人矣。德之盛也，斯其至矣。”于是赵中军、张进士诸乡大夫士相与荣杨子之归，将致其忠孝之心以往，圣学之进，进未涯也。请序而赠之，以为他日显亲成君之左券云。

（《全集卷二十一·送地曹杨君奉诏侍养归琼台序》）

【28】若水乃拜而言曰：“水也旧以书义受知于公者，请以书祝。盖尝读书‘天寿平格’，因商之六臣而有感于当世矣。夫平言其坦也，坦者无私也；格言其通也，通者彻三极而无间也；平故

通，通故寿，至平通天，天斯寿之矣。然则人之所以通乎天，天之所以寿乎人，曰平而已矣。夫三极之道，其致一也。感通之道，亦曰平而已矣。是故天以平而清，地以平而宁，人以平而生生，夫惟生生故寿，是故在身则寿于身，在家则寿于家，在国则寿于国，在天下则寿于天下。至平之人，亦焉往而不利哉！夫人道至平，惟人自倾，惟人自倾，则亦惟人自复。复者非他也，内以平其心，外以平其政。内以平心，故能不作其好恶焉；外以平政，故能不作其威福焉。夫不作者，天下之至平也。好恶不作，故能以心合天；威福不作，故能以政事天。以心合天者，盛德之至也；以政事天者，大业之至也。公自翰苑迁宫端，陟春卿，入内阁，其宅心也，坦坦如水；其处事也，坦坦如砥。人德之，亦休休；人不德之，亦休休。恩怨不以藏诸其心，所谓无有作好作恶而能平其心者，非邪？福一人，则曰：'天之命也，夫非我福之也。'威一人，则曰：'天之威也，夫非我威之也。'而予夺不以与诸其身，所谓无有作福作威，而能平其政者，非耶？夫内外坦易，心事平平，吾不及商之六臣，吾于少傅公见之矣。是故人之所以长生也，天之所以长清也，地之所以长宁也，虽以配天地于无疆可也，岂直期耋而已哉！昔者我公恳辞定策之封，早谢机务之重，脱去蟒衣之荣，以释天下之任，而敛其所以寿家国天下者以寿其一身，岂有涯哉！《诗》曰：'乐只君子，万寿无疆。'水也不佞，敢以是为我公祝，且以为诸作先。"壬辰夏六月十日

（《全集卷二十二·贺致政少保大学士厉翁毛公华诞诗序》）

【29】武库王子曰："家君肥遁于荒，封秋官郎，他日未尝为政。夫肥遁于荒，尚志也；封秋官郎，推恩也；他日未尝为政，政于家也。盖孔子昔未为政，曰：'《书》云：孝乎惟孝！友于兄弟，施于有政，是亦为政，奚其为为政。'作政家训。"甘泉子

曰："政哉？正哉！正哉？政哉！封君若曰：惟政政于正。呜呼！来乃子乃孙、乃兄乃弟、乃夫乃妇，乃各正尔攸事。夫正于外，妇正于内，士正于学，农正于耕，工正于艺，商正于货。六者正矣，夫然后家事正。家事正矣，然而必正其道。父正尔慈，子正尔孝，兄正尔友，弟正尔恭，夫正尔义，妇正尔顺。六者正矣，夫然后家道正。家道正矣，然而必正其本。父正尔心，则罔不克慈；子正尔心，则罔不克孝；兄正尔心，则罔不克友；弟正尔心，则罔不克恭；夫正尔心，则罔不克义；妇正尔心，则罔不克顺；是故一心正而六道行矣，六道行而六事修矣。君子曰：'夫苟正其心，虽以措诸天下其可也。'是故父父、子子、兄兄、弟弟、夫夫、妇妇，而天下正矣。独家政也哉！"壬辰十二月

（《全集卷三十二·家政训》）

卷六　治　政　凡四十四条

导读：学而优则仕。修身齐家之后，便可以进入社会政治领域，学习如何为政。湛若水虽官至礼部、吏部及兵部尚书，但实际上唯有兵部尚书一职握有实权，可以参赞地方事务，其余皆是“闲差”。其出任兵部尚书期间的主张与实践，皆已收入《参赞事略》二卷中。虽然如此，这并不妨碍湛若水作为一个儒者对治政之道有深入的思考，而且，他也借用经筵讲学以及为君上上疏的机会多次直陈自己的治政主张。湛若水的治政观一是延续他的一体观而来，认为“道一本，政、学、心、事一贯而已”“民物者，同得天之生，同受天之性”，要视民之痛痒为己身之痛痒；另外，“政在养民”，治民在于教养民众，不仅要帮助民众解决生计的困难，更要移风易俗，通过礼乐典章制度，引导民众成为一个德性上善的人。而这些的实现关键在于治政者个人的德性修养，所以为政在于修身、正身。这在湛若水向嘉靖帝所进的《圣学格物通》中尤为明显，在里面他向嘉靖帝阐述做一个圣君所要具备的种种德性，例如敬谨、正心、畏民，等等。

【1】或问：“政。”曰：“在正身。天下国家与身一也，有一不知，不可谓之知性；有一不尽，不可谓之尽性。”

【2】杨仕鸣问于甘泉子曰：“鸾也欲归与朋友共求田，而为之

井，使耕于是，学于是，相亲让于是，以为世轨，可乎？”甘泉子曰：“善哉志！”或曰：“欲行王政而毋井田，可乎？”曰：“田不分则民不均，民不均则富者侈，贫者困，贫者困则衣食不足，衣食不足则礼义不兴。虽有孝子慈孙，不能相保，不能相保则兵生，兵生而食不足，此灭亡之道也。故分田则衣食足而教可兴，兵藏于农而国可守，公入无军国之费，是以其君安富尊荣，而垂拱无为也。故一事而有三利者，分田之谓矣。”或曰：“行王政而毋学校可乎？”曰：“田以基之，教以成之，君臣、父子、夫妇、兄弟、朋友相接以礼而化于道，上下联属而不可解，和气致而天地位，此之谓盛德。”或曰：“欲毋封建也，可乎？”曰：“王者大公而无我。井田，公于民者也；封建，公于臣者也。未有公于下而下不公于上者也。天下大公谓之仁域。夫分而治之则专，专则民受其惠。此至仁之术也。”或曰：“欲毋肉刑也，可乎？”曰：“可则尧舜之仁为之矣。夫愚民，杀之而不见其形，则不知戒，戒而使远之，仁之术也。”

【3】大禹克艰，其克己之原乎！其修身为政之本乎！

（以上数条出自《全集卷一·樵语》）

【4】礼也者履也。乐也者乐也。礼以履之，使民无邪行；乐以乐之，使民无邪心。无邪行则风俗可得而正也，无邪心故祥瑞可得而格也。后世礼既坏，则民无所履，故手足莫措；乐既崩，则民无所乐，故怨咨日生。

【5】礼者以定民，乐者以动民。礼以定之，故使民手足有措；乐以动之，故使民不知手之舞之，足之蹈之。定以基之，动以成之，故三王之治可几也。

【6】刑也者，形也。刑不孝，所以形天下之为孝者；刑不弟，所以形天下之为弟者。刑之不形，教民以争，民争不息，乱亡罔极。非充天德者，其孰能知之！

（以上数条出自《全集卷二·新论》）

【7】在明德、在亲民，不可作推，只合作一体，皆已分内事。盖物我同体故也，若不亲民，则已性分有缺，故《中庸》云："诚者非自成己而已也，所以成物也，成己仁也，成物智也。性之德也，合内外之道也。"此理则一，不分在己在人，孔子言"己欲立而立人"，亦此意。

（《全集卷三·知新后语》）

【8】甘泉子曰："古之为邦家者，其必由政教矣。惟圣人之政教也，由于中，一于诚，是故立斯立，道斯行，绥来而动和。非夫德政之至一者，其孰能与于此？"

【9】葛涧曰："子之《测》诚意也，其广矣大矣。大学之旨具在是矣。"甘泉子曰："心身、家国、天下何莫非意？"

（以上两条出自《全集卷六·雍语》）

【10】先生曰："《书》云：'德惟善政。'政在养民，六府三事，政之养民者也，然皆本于德，故能善政也，徒法不能以自行也。天下事皆有根本，岂易言哉！其要在讲明圣学，有德于身耳。故曰'为政以德'，岂易言哉！今之讲学修德者，人类以为迂，群议而非之，何怪乎善政之不行也！天地间自古至今只是这一块田土，又不曾变更。变更之者制也，井田限田已各难行，只恨商鞅废沟洫，故北方田地，尽为废土。若复沟洫，悉为良田矣。有能罢天

下不急之费，发财令穷民修沟洫，则旱有灌，涝有泄，虽未及井，已为良田，与南方等矣。乃制使同沟之人，共为保、为什伍，守望相助，出入相友，疾病相扶持，丧葬相吊，有无相贷，则风俗厚，府事修，亦不异于井田矣。”

【11】君为轻，社稷为重；社稷为轻，民为重。孟子当时告齐王行王政，及滕公筑薛之问，直是此意。公天下俱从仁义命脉上说来。区区善谋国者见不及此。

（以上两条出自《全集卷十三·天关精舍语录》）

【12】昨与陈子才论为守令，冲谓：“先就他民情土俗，略加点掇，使各安生乐业，然后可以有为。若先立己见，要得他那许多百姓一一依着圈套行，衹见其生事而扰民也。因言朝廷若要天下太平，须是责重守令。凡遇选守令时，须召见温语，谕令之任，其在两考之内，务须家给人足，风移俗易，监司不得文法相拘。既赴任后，仍留神访察，以时激励，如汉朝最得御守令之术，所以汉世良吏为盛。此在今日，恐亦不难举也，如何？”

牧民者如牧牛羊矣，牧牛羊者，只令不失其刍，不扰其群而矣。天下之乱，只因上人生之耳。

（《全集卷六十八·新泉问辩录》）

【13】政学为一，如在家要事变上磨炼，在官亦要事变上磨炼，无事非学也。又如心存省即施为不苟且，神心久即施为不虚伪，作辄无非学政也。后世心迹判、体用离，所以无善学善治，横渠谓：“道学政术为二。”此自古可忧者，正以此也。然圣人恶子路民社为学之佞，而漆雕开以未能信不出，是何哉？窃意圣贤之道以平时政学未能一致，则体用咸乖，卒急临事，不免舛谬。须使穷

居政学为一，既有其具，然后可作官治民，此常理也。故有位者便须即政即学，穷居者孝友兄弟，亦是即学即政，非必民人社稷，然后有学政之可理会，所谓“一以贯之”也，其可以仕、可以未仕者，所得有浅深故耳。幸为再诏。

更理会心事合一之学，则知此矣。孔子所以不欲子羔为费宰者，以三家之事最难处，非圣人之权，不能以处变，故子路、冉有皆以取败；其喜漆雕开之不仕者，亦此意。盖当此之时，一出仕便入三家笼络里也。若夫天下一统，法度昭明，学政安有不可并用功乎？否则心事判矣。

【14】先生云：“莫学非政矣，莫政非学矣。”是固合一之道矣。但古者四十强仕，故漆雕开谓：“吾斯之未能信。”孔子说之。子路使子羔为费宰，孔子谓其贼夫人之子。若有不同者，何居？

吾谓政学合一者，正以体用一原，心事一贯，道理是如此。若夫吾子所举诸说，盖就初学者力量言之耳，其道理则莫易也。中道而立，能者从之，立教者固然也。大匠不为拙工改废绳墨。

（以上两条出自《全集卷七十·新泉问辩录》）

【15】鄙见谓圣贤之所学，理性情而已。天下之性情理，则天下平矣！典章刑政之类，可不必复用。然天下之人不能皆圣贤也，于是乎始有五教、五刑、五礼、六乐等制出矣！圣人不得已而为之者也，未知是否？

答曰：“所云‘圣贤之学，理性情而已’一句甚好，但谓天下之性情理，可无典章刑政之类，似未安。盖圣人典章刑政之设，乃所以理天下之性情也，舍此则又何所从理乎！”

【16】鄙见谓中国之有夷狄，理自如此，大段无如自治。夫

惟自治，而后可以为御戎上策。考亭亦尝谓“其本不在边鄙而在朝廷，其实不在兵食而在纲纪”，至言矣！然所谓在朝廷、在纪纲，正自治云耳。曰不在兵食、不在边鄙，谓不专恃乎此。先生以为如何？

答曰：“边鄙、朝廷、兵食、纪纲，均之不可偏废。孔、孟论治亦自切实，足食、足兵，而后民信；五亩之宅、百亩之田，然后可申庠序之教。兵食岂可后乎？”

【17】鄙见谓古者寓兵于农，此法、此意俱善。后世析兵农而二之，于是乎兵民始两困矣！然后世破坏古法，不独兵农，但据所见言耳。崇庆甲申在云中备官守巡，尝见边兵最贫且苦，马既多死，无复补养，食且多缺，不复运输，加之统御者又从而巧取之，而欲国威宣、边鄙宁，如之何其可得也？盖尝叹息无已，而力不能救。上下方且因循，日就颓靡，遂成不可破之疾。恐诸边类然。呜呼！此亦吾儒济用之学所不可忘情者也。先生谓如何？

答曰：“三代之政出于一，所以治；后世之政出于二，所以不治。三代之学出于一，所以明；后世之学出于二，所以不明。吾观于治理学问，无一而非合一矣！岂独兵农也哉！所见良是。”

【18】鄙见谓宋太祖以仁厚立国，精神命脉在能用文武上居多。观其闻窦仪辨镜之后，谓宰相须用读书人，自是遂注向儒臣矣！观貂裘赐全彬而将士感泣，自是遂杯酒释兵权矣！三百年来作兴鼓舞，谁谓有过此者？呜呼！是宜乎大臣得一文山，大将得一武穆，周、程、朱、张诸君子不俟论矣！

答曰：“宰相要知学，宰相知学，则君与天下臣民皆知学，道德一，风俗同，何治不可成也！文山恐于圣学未通，观其用兵如此，虽做了宰相，未知成就如何？将亦不可不知学，将而知学，则六军之士皆知学，知学则知亲上死长之道矣！孟子之论有根原。”

（以上数条出自《全集卷七十五·问疑录》）

【19】鄙见古人为死囚求生，此意甚美。若使天下无冤民，则天下和矣；天下和，则天下治矣。然往往有含冤而死者，岂不伤天地自然之和？庆常备员臬司，每恨不能留意是事，虽自谓不敢容私，然拘于成案，而因遂避嫌，不复与申辨者实多矣。今日以为必有至诚恻怛通乎神明，使天下无冤民，亦圣君贤相致中和之大端耳。夜偶梦见数囚，身荷重械，若赂愚求脱之状，而愚乃仰天誓呼以拒，俄而寤焉，亦录之以请先生。如何？

答曰：“当时真见得民之受冤，即如疾痛在身，挺身力争。如濂溪所谓‘杀人媚人，吾不为者’，可也。今悔之何及？用刑岂可以遗悔耶？”

（《全集卷七十五·问疑附录》）

【20】今天下州郡之吏有有其职而无其人者，幕职掌故之官是也。有徒具员而实无职，阴阳、医学、僧道之官是也。僧道无庸言矣，阴阳以授时、正历、望氛祲、察灾祥，医以疗疡病、救夭札，固非无职。而今之为医者，犹知诵习三世之书以为业，则其职犹有可言者。独阴阳一官，则其所读之书，所习之业，自荐绅大夫以上且不知其故，而况其下者乎！无怪乎员具而无职，而且衣食于他役以为职也。若夫州郡幕职，则其立法之意，固欲检摄一州一郡之文案，使时省而考成焉，而今之文案，自朝廷大兴革、大建白以下，部下之省，省下之郡若县，其长一过目，即庋合供雀鼠啮耳。又否，则供吏人盗以饰承尘与绮疏帙册费耳。即使十年之后，长吏虽欲覆故牍、阅往事，如捕风影，胡可得哉？此其弊非独不得其人之患，而厌于长吏，夺于他务，固难望其职之举也。隆尝谓僧道之

官，其有与无等耳。若阴阳、医学，苟责成于其省之提学宪臣，使素教而预养之。若医则以黄帝、秦越人内、难诸经及本草、方脉、河间、仲景之书；阴阳则以汉、晋天文志，郭璞葬经、星历、地志、卜筮诸书，与夫农桑种植先后之宜；使各占一经而肄习之。每三年一考，试其成，三考无失，县升之州，州升之府，府升之部，试其业精而有成劳者，差择之为三等。上焉者补钦天监、太医院之吏，中焉者以补州县阴阳、医官，下焉者则复其身，使待次于县，以俟再举而群试焉。则国家犹藉其用，比之员具而实无职者，固不同矣。若有幕职，则隆之意，以为其职虽若冗长，而考成稽故，使无废失，亦自与史事相关，亦须择其人稍有文学、知大体者，使为之长。每朝家行下文字，或其省若州郡之讼牒文案，但有关系足为劝戒者，文书到日，实时撮其节要登载于册，扃钥而府藏之。每三年给由，则誊录一通申之部，部阅其实，行以诛赏，且藏之以俟实录者考焉。至于六部诸司之幕职皆然。则吏人虽盗文书为奸欺，固弗可得已，而况于三考备述于史事，亦有助耶！此隆之见然耳，不知以为如何？

此论责成幕职、阴阳、医官之职事，甚当。周官所以制小史、幕人、星人、卜人、医人、疗人，匪惟具官，乃惟其俱职耳。然必先之以大史、大士、大卜之属而次及焉。则其称职不称职，又胥系其在上者之智瘝也。其在上者之智之瘝，又在其君其相之仁哲之知所择焉耳。此等事俟有关雎、麟趾时一齐皆举耳。今预讲定，以俟公等他日之用，未可卒辩也。

【21】古人于行刑之际，所以必三覆五奏者，盖寓慎刑之意，恐有无辜而死者也。今京师罪囚，既经法司详审，又经朝堂引审，又经三覆五奏，情真罪当，无可疑者。临刑之际，又准于鼓下称冤，御史押囚于市曹，至暮夜尚不敢决，必俟鼓状尽绝，得上有不必覆奏旨意，方敢行刑，至是已中夜矣。囚有亲戚投鼓状者皆免

行刑，其处决者皆无鼓状者也。朱子宜言每年囚人四五十，止决得十余人，奸猾之徒知其如此，虽会审情真，无复怖畏，往往只觅一人下一鼓状，又得苟活，年复一年，终得老死狱中，免身首横分之患，是岂古人惩恶之意？又闻先年亦有于暮夜临刑之际，买嘱刽子手以丐者引决以抵换者；又有囚人惧死，夜深寒冷，防卫懈弛，自投于沟厕者。如此岂古人肆诸市朝之意？虽知其如此，然不敢论奏者，恐伤朝廷恻怛之意，然惩一人而千万人惧，其恻怛不既多乎？丁亥岁，同年周光载黄门疏论此弊后，至霜降决囚，覆奏三上，内批刑二十一人，一时鼓状皆不见理，盖惩往年之弊故也。当时仍疑其太快，今法却令囚家先期进鼓状，至押赴市曹时即不许奏扰，此似稳当，不知以为如何？

古人慎择刑官，虞廷皋陶为士，吕刑明清公听，哲人惟刑。故刑不失罪，犹服念五六日至于旬时，故刑即决断可也。今之刑官未必其人，法虽详审引审、三覆五奏，特行故事如儿戏然。盖非皋陶明清哲人矣，刑安得当？经曰："与其杀不辜，宁失不经。"圣人好生之德自是如此。

（以上两条出自《全集卷七十六·金陵答问》）

【22】人君所居的位乃是天位，这个天位安危不常，当敬谨保守他，不可一念不谨，不可一事不谨。盖人君的心即人民的心，人民的心即上天之心，所赖以合天人、通上下，只在这一心之敬。如人君度量心上过得的，百姓的心也便喜欢。凡人心所愿欲的勾当，这便是善。这个善端要敬以修之，存于心、发于政，都是这个善念扩充的出来，事事停当，便事事合人心。夫心有或一些不善，则生于心、害于政，便殃及于下，四海的百姓，至于困穷过活不得。寒的不得衣，饥的不得食，饥寒切身，礼义不顾。民心离，天心去，人君所享的天禄，一绝不可复续了。这是何故？民心一散，不可复

合，天心一去，不可复留。到这时节，君不见其可爱，而民愈见其可畏也。臣惟人君以九重之尊，临兆民之卑，鲜不轻视其民以不足恤者，然尝观之，天人之际，甚可惧也。得乎民之心则得天之心，而天位安；失乎民之心则失天之心，而天位危。盖天民一理，上下无间，其得失存亡之机，系乎人君一心之敬否何如耳。故敬者乃圣学之要，而致治保邦之本也。为人君者，可不加之意哉！

【23】夫天至高在上，民至卑在下，上下都似不相关一般。但天人同是一气，人是天地之精。天无心，人民之心，便是上天之心，民心之所在，即是天理之所在，此气此理通达无间。有民社为人君的，可不知所以敬其民以敬天哉！必要兢兢业业，常存敬畏。凡在典礼，寅恭和衷，不敢荒淫怠忽；凡在刑赏，懋勉政事，不敢肆意好恶；其敬如此，则民安而天心在是矣。是君心之政，合天民而一之者也。皋陶陈安民之谟而归于敬之一字，可谓至切要矣。

（以上两条出自《全集卷十二·经筵讲章》）

【24】性者天地万物同体者也，尽则皆尽，人物之性未尽，则己性分事尚未尽。人物之性、天地化育，已于尽己性上都了。故安人、安百姓，已于修己以敬上都了。若颜曾之徒闻此修己以敬之一言，便彻首彻尾都悟了。子路不知而少之，故复疑问，而夫子不得已告之以修己安人，安人亦在修己以敬之蕴内推出来，言人则己尽之矣。子路不知已是多了，又从而少之，故又疑问，而夫子又不得已告之以修己以安百姓，安百姓亦在修己安人之蕴内推出来。夫子又见子路屡少之，恐骛于高远。故言修己以安百姓，尧舜其犹病诸，欲其反求诸近，知要约也。使知修己以敬、以安人、以安百姓，是一串事。盖尧自亲九族以至黎民于变时雍，皆本于克明峻德，故知九族黎民都已于明峻德上总括了。然尧之心岂能保天下之

大，无一民之未变者乎？舜自四门穆穆以至黎民敏德，皆本于玄德克艰，故知四门黎民都已于玄德克艰上总括了。然舜之心岂能必天下之大，无一民之未敏德者乎？其心犹有愧耻者，故常于己德上兢兢业业，儆戒无虞，不敢荒宁过了一生。

（《全集卷十三·天关精舍讲章》）

【25】顺邑何子鱼，以进士令处之庆元，予与乡士饯之曰：夫令也者，人牧也。夫人牧也者，以牧人，非牧于人也。今夫牧者曰：毋逸刍，毋蹊田，毋斗群，兹曰良牧尔矣。令者曰：安乃生，御乃情，息乃争，兹曰良人牧尔矣。今之人牧者，或利其有以施劫，私其身以诲讼，民之弗安其性而牧弗知，几何而非牧于人哉？处居浙之上流，庆元为处之高原，山川之所钟，和气之所郁积，白金之所生，宜于人焉独厚，乃独未见其人，然独往往曰："好讼而寇且乱。"岂其土使然也？亦为牧者御之不以其道，而利者而私者，而施之而诲之，而驱骤之尔矣。子鱼温能畜乎物，善能胜其残，吾知其去为良人牧也。吾将谂庆元之人曰："其亟领而习，顺而化，毋俾世独往往曰：'而讼而寇而乱也。'"

（《全集卷十四·赠何子鱼令庆元序》）

【26】往年何子鱼尹庆元，问言于甘泉子，告之曰："夫牧人者如牧牛矣。"子鱼政成召起。今郑叔章往继之，问言于甘泉子。告之曰："夫保民者，如保子矣。夫牧也者，牧也，吾无功矣。保也者，保也，吾加惠矣。""然则又奚择焉？"曰："时。时，吾无与也，吾变而通之也。道有升降，政由俗异。古之治殷者，周公慎厥始，君陈和厥中，毕公成厥终。是故三皇而上，尚无为，三皇而下，贵有功，时也。昔子鱼之往，瑾恶方炽而毒未延也，犹厝火于薪而未及燎原也。民犹有衣，不必吾为之被也；民犹有食，

不必吾为之饲也。吾故曰：‘牧焉而已。’夫子之号也，曰‘寒也’，思以衣之；子之号也，曰‘饥也’，思以食之，保子者也。今时则然矣。瑾祸毒痛，四表具焚，犹火之原熄，而延□者方殷也。庆元之民日蹙于饥寒，非复子鱼之时矣。衣之、食之，保之若子，在叔章而已矣。民固望父母之来也。毋曰：‘吾牧之，吾无为也。’曰：‘吾牧之，吾无为也。’是徒守子鱼之说，而不能变而通之，协心以底于道也。”进士梁日孚者，叔章之门人，闻吾说，请书以送之。赠言小叙天下赋税莫重于苏，而其品自多，一亩率入米五斗，或相差之，或相倍之，或倍差之，或倍之半，或倍之倍。田不能出盈焉，贫者不能堪而田率归于大家，庶力可堪。田不能出盈焉，贫者既以田入佣于大家，终岁倍于勤，庶几出盈焉。勤倍于牛，终日伏卧田间，以手耘耔，故天下贫民之苦，莫甚于苏。廖君尚新殷任通判，主税赋，宜时登虎丘以望平畴，其亦有见乎困苦之状也乎！其亦有闻夫怨咨之声也乎！其亦有隐于心也乎！

（《全集卷十五·送郑君叔章尹庆元序》）

【27】戴子谪乌石六年矣，而问学，甘泉子曰：“政。”他日，以诏迁守于延平，且行矣，而问政，甘泉子曰：“学。”“请闻焉。”甘泉子曰：“夫学一政也，政一学也。二之则支，二之则离，夫支离之弊也，久矣。”曰：“有要乎？”曰：“有。法天之行，体天之理焉，尽矣。”曰：“有征乎？”曰：“有。吾征诸《大学》，曰‘格物’。格物也者，体乎天之理而为言者也。故自意心身焉，而家国天下焉，故知一本也，孰二乎学矣？孰二乎政矣？夫即政即学，故其学也实，即学即政，故其政也纯。纯实者，天下之至善也，至善立而学政一，学政一则无事矣。仕优则学，学优则仕，是故知合一之说。戴子行矣。”诸子亦各有永言。

（《全集卷十六·小瀛赠别序》）

【28】司寇林公所礼其曹有三人焉，一曰龙游祝子公叙，一曰仙居应子邦升，一曰归安陆子元静。三子者日与大行薛子诸子论辩于长安，皆慨然有志圣人徒也。而或折衷于甘泉子。甘泉子则默默。惟岁癸未之夏，祝子拜佥广东之宪，而访于政。甘泉子曰："莫学非政矣。"薛子请以学告，则又曰："莫政非学矣。"故君子之道，成诸性，达诸事业；小人之道，局于器，滞于影响。君子乐得其道，小人乐得其故。道则通，通则神，神则人化之；故则执，执则物，物则人畏之。故君子浑浑尔，小人硁硁尔。嗟哉！祝子其必为君子之学，而成仁者之政矣，吾有所试之矣。或曰："曷谓君子浑浑之道？"甘泉子曰："君子之学反其初而已。"曰："曷谓初？"曰："初者与万物一也，万物与天地一也，能知与天地万物一，则可与几矣。是故人之大，初也，与天地万物一。一者，无物也，无物故能与道一。今夫骐骥，千里之足也，物有累之，则不能以十里也。大鹏抟扶摇而九万，一绳系之，则不能上只尺。负□之虫，以物自累，而不能致远。夫物则固有然者矣，而况于人乎！是故君子浑然而太虚，体物而无累。太虚者其天乎！是以至大生焉。体物者其地乎！是至广成焉。存至大者德也，发至广者业也，《易》曰：'乾知太始，坤作成物。'是故知太始者存乎仁，作万物者存乎义，一至道者存乎广大。盛德大业，至矣哉！惟学惟政，一以贯之，吾于龙游子有待矣。"

（《全集卷十七·赠龙游子祝宪佥序》）

【29】余姚陈于周尹兴化，问政，甘泉子曰："学。"问学，曰："政。"于周曰："政则政，学则学，若是混乎？"曰："政也者事也，学也者心也。谓事则事乎？心则心乎？"于周问要，曰："理。是故莫学非事矣，莫政非心矣，莫政莫学非理矣。理达而体用浑矣。""请学何学？"曰："《大学》。在心为明德，在

事为亲民。在心为明德，是故莫学非事矣。在事为亲民，是故莫政非心矣。兼之者至善也。至善也者，心之于天下国家之事理纯粹精焉者也。纯粹精焉者，天理也。天理也者，吾心中正之本体也，是故学在体天理止至善焉，尽矣。”“敢问其功如之何？”曰：“在格物。”问：“格物之功如之何？”曰：“在知止，在定静，在安虑。是故知行并而物格矣，物格而心、身、家、国、天下之事毕矣。夫天下犹然，而况于一邑乎！而况于兴化乎！”陈子曰：“洪范也，请拜受以从事。”嘉靖二年七月十九日

（《全集卷十七·问政》）

【30】颜君体严尹怀安，问政。甘泉子曰：“知学则知政矣。孔子论政，曰‘先之劳之’，曰‘无倦’，学也。学也者，心也。心也者，人也。人也者，政也。夫政由人生者也，人由心生也，知所以为心，则知所以为人矣。知所以为人，则知所以为政矣。是故学政之致一也。”曰：“请闻焉。”曰：“夫恻隐、羞恶、辞让、是非四者，人之心也。无是心，非人也；无是人，非政也。故有恻隐之心则有惠政矣，有羞恶之心则有廉政矣，有辞让之心则有礼政矣，有是非之心则有明政矣。惠则人知爱，廉则人知敬，礼则人知化，明则人知畏。四者治之极也，而况于为邑乎！”颜君曰：“有是哉！世方以承顺奔走为贤，端也惧其不能。”

（《全集卷十八·叙政》）

【31】甘泉子既为大司成，袁子克冲拜同安司训，与甘泉子之内，兄弟也。质淑而志古，问于甘泉子曰：“子主大教也，与吾之司教者，类也。知教事者宜莫如子，子盍为我言之。”甘泉子曰：“噫！吾日汲汲求之未得者。虽然，吾尝闻大教于君子矣。夫教也者，孝也，所以教孝焉者也。教孝焉者，将教之为人者之道，

将教之为人子者之道焉也。是故天地生之，父母生之，尽人为大；人之道，尽性为大。故不能复性者，不可以为人；不能尽人者，不可以为子。弗人者不仁，弗子者不孝，是故教者将教之为人君臣者之道焉，将教之为人父子者之道焉，将教之为人长幼者之道焉，将教之为人朋友者之道焉尔也。夫然后谓之尽人，夫然后谓之尽性。是故惟仁为能享帝，惟孝子为能享亲。夫事亲享帝之道大矣，而本于教，可不重乎！”袁子曰：“吾有闻矣！吾有闻矣！敢不奉以周旋。”甲申十一月廿九日。

（《全集卷十八·赠内兄袁克冲分教同安序》）

【32】嘉靖戊子六月二日，南京户科给事中林子舜卿三载考绩于京。厥僚赵子、方子、丘子、柯子谓予曰：“盍有言以壮其行！”或曰：“林子之考绩也，事欤？言欤？道欤？”应者曰：“林子者，以道为体，以事为用，以言为职者也。”甘泉子曰：“太上贵道而忘言，其次贵事而几言，其次贵言而极言。极言非世之福也。大道之世，羲、农、轩辕，浑浑尔，沌沌尔。其君臣相忘于道，如鱼相忘于水，故不言而信，不辩而理。至德之世，唐、虞荡荡尔，夏、商、周穆穆尔。其君臣相顺于事，若决河，若转环。言出而都俞，丕应而徯志。道德之衰，叔季之世，谔谔尔，蹇蹇尔。其君臣相疑于言，龙逢碎首，比干剖心，嵇生血衣，朱云折槛，相死相败于极言。是故大易纳牖遇巷，礼不显谏，事君务几谏而薄犯颜，孔子从讽谏，左师回太后，孟子不言于齐王而攻邪心，魏徵愿良臣，程伯淳不用文字而感以诚意。诸圣贤者，果贵极言耶？几言耶？明诤显谏耶？潜消默夺于冥冥之中，期致斯世于大道，而相与忘言耶？然则林子之为绩盖有在矣。林子产于琼，海岸孤绝，厥质淑异，不刚不柔，亦德正直，亦德忠厚，非其道欤？销乃粮刍盐鱼，给乃布花袄□，揭查乃军民黄册，点乃操军，估乃金

箔朱丝漆铁，存恤乃军士，审乃陈言，非其事欤？人皆谗谗，子独默默，人皆谔谔，子独确确。默不失寡，言不失多。至于桃李蹊成，豚鱼孚及，言若不出而人从，不动声色而事集。故其在市氓，市氓感之曰‘贤’；其在多士，多士感之曰‘贤’；其在大夫公卿，大夫公卿感之曰‘贤’。其果贵极言耶？否耶？使其日在帝之左右，则以其几言之感，遇圣明进德修道之会，略人政适问之烦，致至诚格心之力，则不言而治理，骎骎乎大道之世可望矣。于其行也，盖欲与之忘言。”

（《全集卷二十·赠黄门林君舜卿考满入京序》）

【33】甘泉子曰：甚哉！馆阁之臣不可以不知心学也。夫馆阁，论道之臣也，上以己正君，下以身取人。上以己正君，故君德成而化行矣；下以身取人，故善人多而化普矣。故君相知学则人化之，无不知学，而百僚皆知学；百僚皆知学，则士庶皆知学；道德一，风俗同而天下治矣。甚哉，宫馆之职之重也。故宫馆知学，则他日为阁相知学，阁相知学，则人君知学，而天下无不知学矣。惟其重也，故不惟其官，惟其人。夫惟其人，故博而求之，约而取之，举而任之，久而观之，人品定矣。于是志行章矣，才美见矣，德业着矣，夫然后登之。或取之朝，或取之野，或取之内，或取之外，或取之台省，或俄而入，或俄而出，凡以得其人而已。与夫出于一日之偶，一人之私，而遂以循至辅相，骄吝终身，转胥及溺，以误人国家者，何如耶？自唐、宋之名儒，我朝之宋、杨、薛、李诸名相已然，而又何惑也？

（《全集卷二十·赠宫谕彭芝田还朝序》）

【34】夫道一本者也，是故政、学、心、事，一贯而已矣。故舍政事而语心学者谓之虚，舍心学而语政事者谓之迹。若夫神明乎

万事万化之间者，其心事学政之合一矣乎！故虞、夏、商、周之君臣所与论政，莫非学也；孔门之师弟所谓求仁，莫非事也。故其语学，则曰“使民如承大祭”，孰非事乎！其语政，曰“居之无倦，行之以忠”，孰非心乎！其告哀公问政，必推本于学，是故由九经而推本于道德，由道德而推本于天人之道，以极于诚明，孰非心事政学之一贯乎！子贡曰：“得其门入者，寡矣。”虽夫子当时亦叹知德之鲜，况后世乎！予昔在翰林，尝与柏斋何先生语存心应事之要，必专于是而不滞于是。柏斋曰：“专于是，则吾既知之矣。又谓不滞于是，则吾不知也。”曰：“岂不闻无在无不在之说乎？一于不在，则离事以为心，是之谓虚；一于在，则以心滞于事，是之谓迹。无在无不在，则本体澄然，神明乎酬应之间，是为心事合一之理也。乃精一一贯之道也。心迹判而道之不明也，久矣。”自此话言而后，柏斋忤权臣，出为州、为府、为宪副提学，入为南大常、为贰冬官卿。予时亦以忧去位，以病居山，起为侍读、为南祭酒，今亦忝贰天官。回头相与话言之时，垂二十载，而会晤于南都，又三四星霜，犹能记忆旧说。虽未暇一一相琢磨，尝见柏斋与人论天下之事，每若风发，于民情之休戚，政治之利弊，事理之成败，天地之高深，阴阳之蕴奥，鬼神之隐显，律历之度数，开口谈之，亹亹不绝，若悬河而下，沛乎其不可御，而各有条理，无所不知，无所不能。而予则若一无所知，一无所能，惟有往时心事合一，体认天理之见，妄意从事于圣途，至今未能脱驾，何日了手，其可惧也已！可愧也已！今年秋，庙堂推重柏斋之学行，转之北工部。北工部犹夫南官也，盖所以致推重之意，将大用之也。四司僚属何君、诸君十有二人，诣予请言为赠。予曰：“予夙所知敬畏者也，夫何辞焉！无已，将申旧说，以为柏斋公赠乎！夫今之工部，古之司空也。昔者大禹作司空，平水土，成天地，修六府，和三事，而万世永赖，乃宅百揆。盖其自精一执中之奥，以神明之耳。

其亦心事政学之合一矣乎！古之百揆，今之宰辅也。柏斋之往，由司空以跻百揆之职，当宰辅之任，可立待矣。明孔子一贯之学，以达大禹精一之道，治心以通乎事，由学以兼乎政，下以正己，上以致君，君臣一德，则天德王道之机在我，而三代正大光明之治可成矣。予谨书以赠，且以俟焉。”戊子九月

（《全集卷二十·赠司空何柏斋应召迁北部序》）

【35】嘉兴屠君文厚以御史擢宁国府太守，且行，问治理于甘泉子，且曰：“吾兄弟三人者，皆门下士也。幸不鄙而惠教焉。”甘泉子曰：“子于吾，义分旧矣。况又贤而恭勤，虚以受善，吾敢有爱于言乎？”曰：“愿闻其言所以治。”曰：“遂尔生，复尔性，而治道毕矣。”曰：“如斯而已乎？”曰：“遂尔生，复尔性，虽措诸天下而可也，况一郡乎！”曰：“何谓遂尔生，复尔性？”“今夫民物者，同得天之生，同受天之性者也。故遂生者，匪直遂彼之生，遂尔之生也；复性者，匪直复彼之性，复尔之性也；是故物我一体矣。《书》曰：‘恫瘝乃身。故一夫不获，则曰“时予之辜”。’若己推而纳之沟中。尽其性，则能尽人之性，能尽人之性，则能尽物之性，可与赞化育而参天地。然则谓之曰‘尔生’‘尔性’，不亦宜乎！”曰：“其道安在？”曰：“道二，养与教而已矣。是故非养曷教矣！非教曷养矣！孟子：‘制其田里，薄其税敛，仰足以事父母，俯足以育妻子，然后驱而之善，故民之从之也轻。’宁国为京畿四辅之地，自抚巡之外，无藩臬相制之烦，无宾客往来迎送之勤，宛若古诸侯之国。位如彼其尊矣，权如彼其专矣，又为我圣祖渡江始用武之地，诏尽蠲其租税之入，民有衣食之饶，地无游丐之子，官免催税之毒；是田不改辟矣，税不改薄矣，民不改足矣，上不改惠矣。屠君之往也，第因其衣食之足而教之礼义，俾收其田税之入，各率尔妻子，各养尔父母，人人亲其亲，长其长，而化行

焉。是四境之民，遂尔之生，复尔之性，而治道毕矣。夫今之人心即古之人心也，子无曰：‘古之循良不可复为也。’”

（《全集卷二十一·赠新升宁国府太守屠君文厚之任序》）

【36】甘泉子曰：“朝廷天下如一身也，是故大君如腹心，大臣如股肱，庶官如百骸，言官如喉舌。故喉舌塞则血气不通而百骸病，百骸病则痿痹不知痛痒而股肱废，股肱废则天君不宰而心志荒。然则喉舌于人身之死生，言官于人国之治乱，岂小小哉？古有至仁之君曰帝尧，其性浚哲，其德好生，仁其心矣。命禹作股肱，耳目汝翼，为明听，汝毋面从，仁其股肱矣。命四岳、九官、十二牧、百僚师师，仁其百骸矣。命龙作纳言，夙夜惟允，仁其喉舌矣。于斯之时，雍熙太和，四方无虞，如人一身血气充周，而康强勿恙，是之谓仁寿之世。”侍御君有石子、李子、王子、端子者，踵门而告甘泉子曰：“闻先生有喉舌之论，吾党二十有四人者，皆司喉舌者也，而蓬溪谭子又适以六年考绩于天官，先生盍因是而诏焉，俾得以尽喉舌之道，可乎？”甘泉子喟然曰：“夫喉咽者之于人之身，其至要至要者也，而凡百骸四肢心腹赖以通焉，可不慎与！可不慎与！”“敢问慎之道。”曰：“毋亟而病诸！毋缓而废诸！不亟不缓，呼吸以时，节宣以理，而应八风之和，斯其善矣！斯其善矣！”曰：“惟子广焉以尽其义。”曰：“子不见太极之宰，四时以行，百物以生，二气以橐以钥，其亦天地之喉舌也已。吾尝有雅于蓬溪子，蓬溪子正人也。每出正气，每发正论，老成持重，勿亟勿缓，以正庶事，共成圣明中兴之治。今六载秩满，由是而超百官，位股肱，可立而待矣。虽然，虞廷之道，三载考绩，三考黜陟幽明，然则谭子之功业尚未涯也。诚使庶绩咸熙，分背三苗，如血气贯通乎四肢百骸，达乎腹心，而天下太平，称尧、舜至仁之化，上下与天地四时百物同流，夫然后谓之功绩之大成也。则

蓬溪子之事业，岂有涯哉！予因以是为诸君愿之。”嘉靖辛卯十一月望

（《全集卷二十二·贺侍御谭君考绩序》）

【37】大夫以四境为郭，诸侯以四邻为郭，天子以四夷为郭。以四夷为郭者，天下无弃民矣；以四邻为郭者，举国无弃民矣；以四境为郭者，邑内无弃民矣。是故君子忠信以为金汤，礼以为雉堞，义以为楼橹，道德以为关钥，与民修之，与民守之，固而勿坏，是之谓无弃民之道也。

（《全集卷二十六·新会县重修子城记》）

【38】某生某官某，将行，问政于甘泉子。甘泉子曰：“尽分焉尔矣。”“何谓尽分？”曰：“尽心焉尔矣。尽其心而分不尽者，未之有也。尽心者莫如家，太上家天下，其次家一省，其次家一郡，其次家一邑。故卿大夫百执事，以君相之心为心，如一家焉，则天下治矣。参藩而下，以方伯之心为心，如一家焉，则一方治矣。府佐而下，以太守之心为心，如一家焉，则一郡治矣。丞簿以令尹之心为心，如一家焉，则一邑治矣。诚使天下之丞佐视其君长如家长，则德意下布，下情上达，上下交通，惠泽流行，虽欲不治可得乎？子也其勉之哉！将无感不应矣。”

（《全集卷三十二·答问》）

【39】或问政。甘泉子曰：“政也者，事也。学也者，心也。子谓事则事，谓心则心乎？”或问要。甘泉子曰：“理。是故莫学非事矣，莫政非心矣，莫政莫学非理矣。理达而体用浑、心事合，而政学一矣。然则虽措之天下，其可也。而况一郡一邑乎？”刘生慎令连山，连山，荒邑也，无学宫，无听政之所。刘生独浩然以

往，曰："吾将建厅事而行政焉，建学宫而兴学焉。"甘泉子叹曰："壮哉！志士也。"为政学说赠之。

（《全集卷三十二·政学说赠刘连山》）

【40】慎者，谨也；俭德者，俭约之德也；永，长也；图，谋也。伊尹告太甲当谨其俭约之德，不可以欲败度，纵败礼。夫欲与纵皆奢侈，失之无长远之谋者。然以约失之者鲜矣，故不可不谨于俭约而怀长久之谋也。夫人君，一身万化之原，奢侈之心一萌，则将无所不至。此伊尹之所以告太甲必欲谨其俭德也。然常情奢侈皆因徒见目前之欲，而无长远之虑。有远虑者，自不容于不俭矣，故又继之曰：惟怀永图。后之人君不可不以伊尹之言为切己对病之药也。

（《圣学格物通卷五·谋虑上》）

【41】乱常生于治。思患也者，患其乱之生于治，图之于无形也。防诸己者，嗜欲也；防诸人者，奸佞也；防诸外患者，寇敌也；防诸纪纲法度者，僭窃而废弛也。凡逾越于天理之外者，皆患也，皆豫防之也，身心为尤切矣。邵雍曰：防乎其防，邦家之昌，其永既济之盛于无穷也乎。

（《圣学格物通卷九·儆戒一》）

【42】人莫不有天也，己即天也，则夫言行、政教、喜怒、用舍、黜陟、赏罚皆天也，人惟不知其有尔。夫天者，理也，王者知而畏之，则存诸心，施之政，达诸事，无一而非天理矣。后世庸主则罔知而不畏，是以言行之不信、政教之不立、喜怒之不公、用舍之不当、黜陟之不明、赏罚之不行，而与天相违矣。然则为人君者可不知其天以敬之乎？

（《圣学格物通卷十四·敬天下》）

【43】所谓天之明畏者，非别有他好恶也，即民之好恶便是天之明畏。

【44】凡民有所欲，天必从之。如民好善，天则福其善；民恶淫，天则祸其淫。故民欲亡纣，则天意去商也必矣。是故明君不畏方张之强敌，而畏大可见之民心。民心即天地之心也，其可忽乎？

（以上两条出自《圣学格物通卷十六·畏民上》）

卷七　三教之辨 凡四十六条

导读：在三教问题上，湛若水表现出一个纯儒的严苛立场，他不像学友王守仁一样对三教的融合持一种开放的姿态，而是严守三教之间的界限。这种严守三教界限的立场，跟江门学派当时的学术处境有直接的关系。一方面，湛若水的老师陈献章因其致虚守静、学宗自然的学术特点，而被当时学界误以为禅学，连甘泉弟子亦多次讨论白沙禅学的问题。在这种情境下，湛若水不得不奋起而为老师辩护，故严辨三教之界限实有强烈的护教色彩。另一方面，陆象山之学风靡当时学坛，而象山高足杨简则被儒门学者认为是已经滑入禅门的异端，因此，湛若水严辨三教还有纠偏学界风气的考虑，他还因此作《杨子折衷》一书对杨简的学说进行针锋相对的批评。

【1】甘泉子语仕鸣曰："佛老之学，阴道也；故尚鬼，其学也主静。圣贤之学，阳道也；故尚人，其学也主动。主动者，其执事敬之谓乎！是故大易之道，贵阳而贱阴。君子慎动。"

（《全集卷一·樵语》）

【2】"诚者曰'无为'，无为者曰'无事'，无事者曰'自然'，不自然者曰'人为'，人为者曰'伪'。"曰："老氏何以非道？"曰："老氏任气，圣人任理。任理则公，任气则私。理气之异，毫厘千里。"

【3】儒于释、老，有若同是焉，唯智者能辨其非；有若同公焉，唯仁者能辨其私。营营绝根，乃碍其身；区区炼气，乃局其器。而云周遍，而云神化，何足以语大公之仁？是故圣人兼济天下而同体万物，兼济故不局于器，同体故不碍其身，非天下之聪明，其孰能与于此！

【4】释者弃彝伦，由于外物，外物由于恶六根，恶六根由于不知性。知形色天性，而后知恶根之非。非天下之尽性，其孰能与于此！

【5】天理者，天之道也。天理自然，君子法之，以直养无害。孟子曰："必有事焉而勿正，心勿忘，勿助长。"无害自然而已。彼訾老、庄以自然，诬也。老、庄逆天者也，遂以自然非道，不智孰大焉！

（以上数条出自《全集卷二·新论》）

【6】蒋信问："仁者与天地万物同体，与佛氏同乎？"甘泉子曰："非也，彼欲去根尘者，且不能以一其身，况能一万物乎？"曰："彼亦求本体也，奚其非？"曰："其犹诸虚器也，故以理为障，空寂而已矣。卒归之无，无体故无用。"曰："三教同原何也？"曰："譬木焉，乌有同根而异发者乎？且谓广大高明而不能中庸精微焉，非广大高明也。"

【7】或有诵象山"六经皆我脚注"者。甘泉子曰："其为斯言也，道乎？圣乎？道则又谁我？圣则不轻言。故曰'好古而敏求'，曰'笃信而好学'。"

【8】甘泉子曰："学莫要于知止矣，而定静安虑一以贯之，圣人之学也。彼佛之以理为障，乌能知止焉？"

【9】葛涧曰："涧闻之子曰：'释氏以即心见性为知，无学问思辨之功也，故所知非止也。止者至善也，非窥见乎一斑半点者之可言也。'足以破千古似是之非矣。"甘泉子曰："汝信诸理，勿信吾言。"

【10】蔡玘曰："或谓儒、释初同而后异，然与？"甘泉子曰："异哉言也。同则始终皆同，异则始终皆异，孰谓初同？孰谓后异？"

【11】杨东熙问致知。甘泉子曰："知也者，良知也。蔽于气习，故学焉以扩充之。非谓人人自能知，自率意以致之也。彼佛氏之灵照而不能明物察伦，岂亦扩充也乎？""敢问学以扩充之道。"曰："博学之、审问之、慎思之、明辨之、笃行之，所以知止而知至也。夫然后能履中正而不忒，是之谓圣学。"

【12】甘泉子方饭，谓门人曰："终日衣食而未尝一粒一丝也，此非释氏之说乎？"曰："然。"曰："常人食饭与吾异也，此非明道之说乎？"曰："然。"曰："然则可以观儒释之异矣。"

【13】杨钦问："佛氏明心见性而不能亲民，何也？"甘泉子曰："佛氏其未尝知性矣。性也者，天地万物一体者也，岂有见性而自私者乎？"

【14】或问陆学。甘泉子曰："其论捷矣，人皆喜之。学者当

以明道、延平为中正之法。”

【15】唐生问曰：“道家者流以炼养为宗，吾儒亦有宗乎？”甘泉子曰：“汝亦未闻道家之说乎？鼎内真种何谓也？”曰：“吾儒亦有真种乎？”曰：“有。”曰：“可得闻与？”曰：“其生生之意乎！”

【16】甘泉子谓门弟子曰：“‘意必固我既亡之后，必有事焉。’明道之学至矣。彼佛氏岂不云意必固我之亡，然而不知有事焉，其诸异乎圣人之学与！”

【17】周衢问：“无事而此心惺惺，何如？”甘泉子曰：“儒曰‘惺惺’，禅亦曰‘惺惺’。禅之惺惺也虚，儒之惺惺也实。《中庸》‘戒慎所不睹，恐惧所不闻’，知其所所，而圣人之学可几矣。”

【18】葛涧问：“明道释氏一贯两截之说，无乃记者之误与？”甘泉子曰：“然。即释所言已两截矣，何待于用乎！”

【19】葛涧问精气神相生。甘泉子曰：“道家炼精以化气也，炼气以化神也，逆之矣。神其主乎！神也者，心志也，志一则动气，气一则动精。”

【20】葛涧问：“康节谓：老子得《易》之体，何如？”甘泉子曰：“否，不然也。老子任气，何《易》体之有？”

【21】葛涧问：“释、老之学，孰近于用与？”甘泉子曰：“二氏均之无用焉尔矣，离事以语心也。圣人之学，心事合一，是

故能开物而成务。”

（以上数条出自《全集卷六·雍语》）

【22】先师自然之说，初时闻之，犹似打量不过，盖缘不知本体由来如是。“予欲无言”，夫子直是真实语。又曰：“佛老明自然，何曾自然？”自然生理不是可遏塞得。认得为己，何所不至，若不属己，则与己不相干。

【23】或人有以白沙先生时用禅语为疑者，先生不答。赵丹山曰：“此只是较量字样。吾辈学问还须于大头脑见破方可。若如此说，则孟子用阳货语。丹寿斯民，又当作何归断？释氏言语与吾儒多有同者，只是其旨不同，故遂差别。比如佛氏言心，儒者亦言心，若然，则连心字亦便有可疑处。非白沙见道之真，在他人便不敢如此道。”

（以上两条出自《全集卷十三·天关精舍语录》）

【24】孚先问：“戒慎不睹、恐惧不闻，敬也，所谓必有事焉者也。勿助勿忘，是调停平等之法，敬之之方也。譬之内丹焉，不睹不闻，其丹也；戒慎恐惧，以火养丹也。勿助勿忘，所谓文武火候。然否？”

此段看得极好，须要知所谓其所不睹、其所不闻者，何物事，此即道家所谓真种子也，故其诗云：“鼎内若无真种子，如将水火煮空铛。”试看吾儒真种子安在？寻得见时，便好下文武火也。勉之！勉之！

【25】冲尝与仲木、伯载言学，因指鸡母为喻，云：“鸡母抱卵时，全体精神都只在这几卵上，到得精神用足后，自化出许多

鸡雏来。吾人于天地间，万事万化都只根源此心精神之运用何如耳。”吕、陆以为然。一友云：“说鸡母精神都在卵上，恐犹为两事也。”此又能辅冲言所不逮者。

鸡抱卵之譬，一切用功正要如此接续，许大文王只是缉熙敬止，鸡抱卵少间断，则这卵便㱱了。然必这卵元有种子方可，若无种的卵将来抱，抱之虽勤亦㱱了。学者须识种子，乃不枉了功夫。何谓种子？即吾此心中这一点生理，便是灵骨子也。今人动不动只说涵养，若不知此生理，徒涵养个甚物？释氏为不识此种子，故以理为障，要空、要灭，又焉得变化？人若不信圣可为，请看有种子鸡卵如何抱得成雏子，皮毛骨血形体全具，出壳来都是一团仁意，可以人而不如鸟乎？精神在卵内，不在抱之者，或人之言亦不可废也。明道先生言：“学者须先识仁。”

【26】先生曰：“老氏任气，圣人任理，任理则公，任气则私。”愚谓理气皆道也，自其会通者而言谓之理，自其浑沦者而言谓之气，气则其虚，而理则其实也。圣人任理，故万物皆备于身；老氏任气，则虽四体犹以为赘。故其言曰：“圣人虚其心，实其腹，弱其志，强其骨。”是使天下蠢蠢然相率为犬豕麋鹿而后可也。

理气皆道，即气是道，孟子形色天性也，此无疑矣，然与老氏任气、圣人任理之说不同。老氏只炼精化气，专以调这些气为主，圣人则以气之得中正是理，全不相干。会通浑沦之说，亦是就圣人所论理气上说如此。理气不分浑沦与会通，更须体认。

（以上数条出自《全集卷六十七·新泉问辨录》）

【27】王奉问：“老子曰：‘天得一以清，地得一以宁，人得一以灵，物得一以凝，侯王得一以为天下贞。’未识彼之所谓一者，与吾儒之所谓一，同与？异与？”

此千里之谬，老子所谓一者，气也；圣人所谓一者，理也。

【28】先生儒佛之辩明矣。冲窃以为论佛氏曰：“当先根究其初心不合从躯壳起念，且缓责其苦根尘、绝伦理之罪。盖由其举足之差，遂使其缪至此极也。”故冲每与朋侪言学，须先探讯其志，然后与论功夫。若其志不正，虽与讲得极亲切，只是替他培壅得私己的心，反帮助润饰得他病痛。后来纵欲败度，伤残伦理，或反有甚于佛氏者。孔子于门人往往诱其言志，孟子欲人察于善利之间者，殆为是耳。故自学教人，皆宜先正其志，何如？

佛氏初心躯壳起念，即是苦根尘、绝伦理之罪，是同条共贯事。然问罪者先须按其实迹赃证，乃可诛之也。今只诛其躯壳起念，则彼又有无诸相之说，必不肯服。从事圣人之书者，亦有纵欲败度、伤残伦理，然不可谓之儒，圣人必不取之。而佛者之教，正欲人人绝灭伦理，如水火之不相同。子比而同之，且抑扬之间，辞气过矣！正志之说甚好。

（以上两条出自《全集卷六十八·新泉问辩录》）

【29】又问：“真种子，窃看吾儒与道家不同，彼以精气神，吾儒止是良心。心之良者便是天理。孟子所谓‘仁义礼智’者，天理也；‘四端’者，良心也；‘先立乎其大者’，立此也；‘扩充’者，充此也；‘复礼’，复此也；‘未发之中’与夫‘道心’‘明德者’，此种也。今日止是敬以涵养良心，而扩充之，便是体认天理，庶几不煮空铛。如何？”

且默识这一点生意。

（《全集卷六十九·新泉问辩录》）

【30】老氏为无、释氏为空，似亦说得形而上者，只不合遗弃

形而下者，所以为无、为空。若儒者为无而有、空而实，有者、实者皆天理也，道器之一也，显微之无间也。离器求道，鲜不沦于二氏，所以人伦日用之间，礼文法度之着，不可顷刻离之。而学者求致广大，徒事内而略节目之详，何耶？其流至于肆志遗世，皆贤智之过也。清净寂灭二途，诱人如此，此昔人所以谓足陷高明之士也。愿师尊以一贯之旨，重为发明所以异于文公训解者安在？

心事合一，圣人一贯之学也；遗事而语心，二氏灭伦之学也。乃有甘心陷溺于其学者，岂足以为高明耶？

【31】江门夫子谓："儒与释，其无累一也。"心尝绎之。释之无累，外天地万物而空其心者也；儒者胸中虽无一物，却无物不体；虽全放下，却以无一事而非性之所固有而存之，是谓万物皆备也。又如释氏恶死则求偷生之术，恶物欲乱心则绝灭人伦。儒者义重生轻，不外人伦日用，而自有洒然境界，其无累盖不同也。近来有为儒释辨者，却有三间说，谓儒居其中，而异端亦得窃其左右间而处之，其亦以无累相同，而未论其同而异者乎？

其儒释无累，亦已自有不同，何得在三间之内？是皆讲学不精之故也。若白沙先生为此说，当连上下文看，乃是。

（以上两条出自《全集卷七十·新泉问辨录》）

【32】或曰："心不可落于方所，只存得一点明觉，而天地万物自在其中。"瓘以为如此则佛氏之所谓惺惺者，亦明觉也，何以谓之空虚寂灭耶？吾儒所谓明觉者，觉乎此而已矣，犹心精灵，所以贯通夫百体者也，岂有心在此而四肢百体顽然不知耶？是以空寂为无方所，而不知本体自然流通之无方所也。

此段辩得是。人自明觉，天地万物干尔何事？此皆不实用功之咎也。

【33】仁问："孟子所谓必有事者，其体认天理之谓乎！勿忘勿助者，其体认天理功夫之节度乎！勿忘勿助之间，甚是中正处，其学之的乎！舍勿忘勿助而语学，则失其中正而过与不及矣！其为老、庄、佛氏者有之，其为仪、秦、管、商者有之，乌足与语学哉？是故学者求之于勿忘勿助，无纤毫私力参杂于其间，则天理在矣。天理者，吾心中正自然之本体，不由安排者也，下此中正工夫自见之。"

正是如此。勿忘勿助，孟子说出中正之的，示人无走作去处，可怪今之学者多未知耳。

【34】仁问："释者弃人伦，由于外物也，外物由于恶六根，恶六根由于不知性也。知形色天性，则知恶六根之非矣，是故知性而后能尽性，尽性则至命矣。学者须先识性。"

此看得好。须记得路脉正处用功，别后勿为他说所惑可也。性乃人之所以为人者，性乃心之生理，或有惑于"性非所先"之说，便往往恶人说心性，殊不知孔门求仁，非心性乎？不知心性，则不知人道中道，高则至于释氏，卑则至于俗学。

（以上数条出自《全集卷七十一·新泉问辩续录》）

【35】鄙见谓从老子之道，则是有阳无阴、有昼无夜、有生无死矣！从佛氏之道，则是无阳无阴、无昼无夜、无生无死矣！故老与佛，君子不由也。《易》曰："一阴一阳之谓道。"其诸异乎老、佛之所谓道哉！是故昼夜、生死、阴阳之自然而已矣！知昼夜、生死而不失其正，其唯圣人乎！未知先生以为何如？

答曰："圣人只是自然，佛、老只是不自然，古称老、庄明自然，便是倒说了。"

（《全集卷七十五·问疑录》）

【36】阳明先生寓辰州龙兴寺时，主僧有某者方学禅定，问先生。先生曰："禅家有杂、昏、惺、性四字，汝知之乎？"僧未对，先生曰："初学禅时，百念纷然杂兴，虽十年尘土之事，一时皆入心内，此之谓杂。思虑既多，莫或主宰，则一向昏了，此之谓昏。昏愦既久，稍稍渐知其非，与一一磨去，此之谓惺。尘念既去，则自然里面生出光明，始复元性，此之谓性。"僧拜谢去。此说如何？

学者只是两端，非杂昏则惺性。然而圣人与释氏说性不同，圣人言性乃心之生理，故性之为字，从心从生；释氏言性，即指此心灵明处便是，更不知天理与心生者也。所谓心之生理者，如未发则有物跃如活泼而谓之中，及发则见孺子入井，怵惕恻隐之心生，与羞恶辞让是非之心皆是也。释氏以此生理反谓为障，是以灭绝伦理，去圣人之道远矣。阳明之说，惜乎当时只说里面生出光明，始复元性，未曾与之明辩所谓光明者何所谓，性者何物耳！光明者即可谓性乎？否也。

（《全集卷七十七·金台答问录》）

【37】昨叔贤到山间，道及老兄，颇讶不疑佛老，以为一致，且云到底是空，以为极致之论。若然，则不肖之惑滋甚。此必一时之见耶？抑权以为救弊之言耶？不然，则不肖之惑滋甚。不然，则不肖平日所以明辨之功未至也。上下四方之宇，古今往来之宙，宇宙间只是一气充塞流行，与道为体，何莫非有？何空之云？虽天地弊坏，人物消尽，而此气此道亦未尝亡，则未尝空也。道也者，先天地而无始，后天地而无终者也。夫子川上之叹，子思鸢鱼之说，颜子卓尔之见，正见此尔。此老兄平日之所潜心者也。叔贤所闻者，必有为而发耶？此乃学最紧关处，幸示教以解惑。

（《全集卷八·寄阳明》）

【38】虚之一字，先儒鲜有道及者，后之学者无识见，便以为佛老之学，怕向此中寻求。惟有张子“虚者仁之原”何等识见！吾契语及此，非有所独得，能然乎？幸甚！夫天地至虚而已，虚则动静皆虚，故能合一，恐未可以至静言也。如明镜照物之来去，而本体之明自若也。谓静为天地本然之心，则动非天地之心乎？故《易》曰：“复其见天地之心。”而来谕中间所谓动静无端，与夫动而未尝动，静而未尝静，即此说也。 性虚而实，此语甚是。然而虚实同体也，佛氏岐而二之，已不识性，且求自根尘，非得真虚也。世儒以佛氏为虚无，佛氏乌足以及此？来谕又以言动饮食精蕴，知此则是合内外之道，而虚实一矣。程子曰：“道一本也，知不二本，则是笃恭而天下平之道。”

至静未尝无物，既感未尝有物。古本《大学》，仆亦数年理会，乃叹大学之道不明久矣。所谓八条目，正窃疑之。此两条反复推本，皆原格物，即实一事耳，非有所谓八也。如明德、亲民，其下手只在止至善耳，非有三也。每令学者多岐亡羊，其疢在此。格物即止至善也，圣贤非有二事，自意心身至家国天下，无非随体认天理，体认天理即格物也。来谕体认之说正与此合，但专谓审几，恐未尽。盖自一念之微，以至事为之着，无非用力也。程子曰：“格者，至也。物者，理也。至其理乃格物也。致知在所养，养知莫过寡欲。”仆向在山中，忽悟此一段，后检程书见此，深得我心之同然，遂沛然自信，持之久而未敢以语人，因窃为之说，近为门下刻之。兹因高明及此，奉上一览。阳明所见固非俗学所能及，但格物之说，以为正念头，既于后面正心之说为赘，又况如佛、老之学皆自以为正念头矣，因无学问思辨笃行之功，随处体认之实，遂并与其所谓正者一齐错了。如孟子所辨三子不及孔子，亦正在此。若区区所谓格物之说则兼知行，如上文知止至能得，即知行合一，乃其功夫也。《中庸》学、问、思、辨、笃行皆是也。阳明先生亦尝有辨论，多未同，但未可以强聒。吾惟信其同者，以俟他日之小异者自同耳。

（《全集卷九·答王宜学二条》）

【39】来谕云："凡有志于学者，终必求归于是。"夫学求是而已矣，苟有求是之心，则亦何异之不同？然亦有自是而不然者，如杨、墨学仁义，则曰："吾仁义也。"佛、老明心性，曰："吾心性也。"夫仁义、心性，则圣人之学亦不外是矣，而乃大相反者，此既以有毫厘千里之谬，学者所当精择也。如药之能活人、杀人者，在病者所当精择也。岂可以其同志于仁义、心性，而遽以为同哉？主张斯文者，其能恝然耶？

（《全集卷九·答聂文蔚侍御五条之一》）

【40】勿忘勿助元只是说一个敬字，先儒未尝发出，所以不堕于忘，则堕于助，忘助皆非心之本体也。此是圣贤心学最精密处，不容一毫人力。故先师石翁又发出自然之说，至矣。圣人之所以为圣，亦不过自然如此，学者之学圣人，舍是何学乎？来谕说忘助二字，乃分开看，区区会程子之意，只作一时一段看，盖勿忘勿助之间，只是中正处也。来谕又以为丹炉火候者正如此，故老子曰"绵绵若存，用之不勤"，即火候也。学者下手须要理会自然工夫，不须疑其圣人熟后，而姑为他求。盖圣学只此一个路头，更无别个路头，若寻别个路头，则终枉了一生也。先儒多未说坐此苦。

（《全集卷九·答聂文蔚侍御五条之五》）

【41】仆之不取佛者，非如世之群儒，区区以辟异端为事，而懵不知者也。盖三十岁时，曾从事于此，亦见快意，久乃觉其无实，亦无实德实事，如谈空画饼耳。且心事既判，又云"理障"，

其害道不为小矣。所以恶之者，非恶佛也，恶其害道也。往往见阳明门弟尊佛而卑圣，至谓孔子为缠头佛，佛乃是上圣人，亦尝痛之，愧不尽心于知己者。今来谕所述阳明云云，则吾不忧矣。而门弟之传云者何耶？吾辈乃时人之耳目，不可不慎也，仆当与执事共勉之。阳明两广之命必已知之乎？此固仆为乡人私喜，而为天下公憾。盖此公在朝廷，则可以福天下，岂止一方而已哉！承谕求养病改官以了大事，又欲静养，此恐又判为两段也。盖道心事合一者也，随时随事，何莫非心？心定则何动非静？随处体认，则端倪随现，何必静养？若见天理，则随处洒落，即是全放下，更无他求。

（《全集卷九·答欧阳崇一秋官》）

【42】槎湖张子与甘泉子同守太史，相善。张子将归省，求赠言。湛子谓："司封阳明王子曰：'夫赠言者，莫大乎讲学矣。'"张子曰："学孰为大？"对曰："辨为大。"曰："辨孰为大？"对曰："儒释为大。"曰："孰为儒？"曰："知释之所以为释，则知儒矣。"曰："孰为释？"曰："知儒之所以为儒，则知释矣。"曰："请问所以。"曰："儒有动静，释亦有动静。夫儒之静也体天，其动也以天，故寂感一矣。夫释之静也灭天，其动也违天，是故体用二矣。故圣人体天地万物而无我，释者外四体六根而自私。是故公私大小判矣。"张子曰："然。"湛子曰："然则可以别矣。"遂拜而别之。正德辛未八月

（《全集卷十四·太史张秀卿归省赠别》）

【43】夫伊川唐录何为者也？表伊川之学也。伊川之言多矣，而此其表伊川，何也？表唐棣彦思也，彦思述伊川之绪言也。其表彦思者何也？彦思，宜兴产也，表彦思以风宜兴之士也，风宜兴以风天下也。甘泉子曰："甚哉！道之不明也。夫圣贤之学，天下之

至易简者也，或忽以齐诸佛。”“何以为易简也？”曰：“体天理而已，内外合一者也。夫佛老之学，天下之至烦难者也，或混以齐诸圣。”“何以为烦难也？”曰：“苦根尘而已，是内非外者也，无惑乎道之不明也。大哉！二程夫子之有功圣门也，排佛老而卫先圣之道，虽以配孟可也。吾师白沙夫子手授遗书于水曰：‘孔孟正脉也。’水受而读之二十余年矣。”或曰：“明道、伊川之学果若是班乎？”曰：“读明道之言，浑然如和气至矣，其乾道之圆以知乎！读伊川之言，确然如肃气至矣，其坤道之方以能乎！伊川曰：‘吾之学与兄同。’果若是班乎？明道曰：‘勿忘勿助，无丝毫人力。’伊川曰：‘体用一原，显微无间。’二夫子之学，果若是异乎？《易》曰：‘乾以易知，坤以简能。’夫易以知者，其圣人之学乎！简以能者，其贤人之学乎！久矣。予梦伊川揖予于山之麓，曰：‘明道其后至矣。’二程子之学，其条贯之一而进为之次，盖兆之矣。吾独惧夫后之学者，乐超逸而厌平易，好径捷而恶中道，崇象山而忽二程子之为至学，以达诸孔孟也。既采明道语为《遵道录》，今唐府纪善周生冲从予游，笃好正学，又采伊川语之在宜兴者，而表章之，其亦继吾志而作者耶？其圣人之徒也。遂为之序。宜兴丞周君弼捐俸刻之荆溪书院，俾四方之学者，将与《遵道录》并观以进，而后圣贤易简之学，可不惑于旁求也已。”乙酉十月十六日

（《全集卷十九·伊川唐录序》）

【44】龙州观音堂有三尊佛，独称观音，崇俗信也，复旧也。佛者之道，必称心性，而又有神通祸福之说，以警乎世俗，故其法传之不衰，与儒、道并列为三教。虽遐荒异俗，莫不尊奉之，圣人之教反有所不及之地。观音，为佛者也，而世之祷祸福者，视佛尤甚焉。堂旧在州治之西，前守赵君源始易为广福寺。源正至侄相继

位守土，州之目民请复为观音堂，从之。遂捐财鸠众，易其木石瓦砖之圬坏者，而观音堂复旧。正德癸酉二月，适予奉使安南，还过龙州。其守相以目民之意，来请予记之。予闻夫观音始修行于海岸，孤绝其道，以不杀生大慈悲，得称菩萨，非谓能妄加祸福于人也。昔者蚩尤作五雷之刑，民罔中于信，以覆诅盟，鬼道乃兴。黄帝命重黎绝地天通，罔有降格，而祸福之说熄。是故人道微而鬼道显矣。今龙守崇信观音，苟得其大慈悲矣乎！则好生之兴矣；苟得其不杀矣乎！则谨刑之念兴矣。勿令民徼福于观音，而不获愿于守也；勿令民不免祸于其守，而往祷于神天也。予非知太守，见太守服用贬损，而言语寡默，必将能听吾言乎！其将能自福善祸淫而制民于中乎！其将能歆协神人，敬而远之乎！因以告之，而并书为记。

（《全集卷二十六·龙州修复观音堂记》）

【45】中丞泰和罗子与甘泉子雅也，一日造新泉精舍曰："吾病之世之人昏昏懵懵，如醉如梦，缘是失其本心而莫之觉也。自号惺翁，有亭曰'惺翁之亭'，欲因亭以觉我，欲因亭以惺我，惟子诏之。"甘泉子曰："夫亭也，外则翼然，而中则廓然寂然。夫亭何醉何梦？何昏何懵？何觉何惺？惟人自醉自梦，自昏自懵。惟子自觉，惟子自惺，于人何有！于亭何因！"或曰："请与子商惺惺之义，可乎？"曰："可。"曰："儒曰惺惺，释亦曰惺惺，然则儒释之惺惺有别乎？"曰："有。释谓惺惺者心，故知心而不知性；儒所惺惺者性，故通乎心性而知，是以别。"曰："何谓知心不知性？"曰："惺惺者，心也，虚灵知觉之谓也。性也者，心之生理，其浑然至善者也。释者以心为性，故以知觉运动谓之性。"曰："何征？""其曰'蠢动含灵无非佛性'是也。""何谓通乎心性而知？"曰："儒者尽心而知性，故以天理中正谓之性。"曰："何征？""《中庸》曰'聪明睿知达天德'；天德者，天理

也。程子曰‘心如谷种，仁则其生之性’是也。释者外理外事以为心，故主翁虽惺惺，而至于灭伦伤化；儒者合心事民物以为性，故其惺也，觉于天理，以先知觉后知，以先觉觉后觉，尽其性以尽人物之性。是故君子之学，知其所以惺惺者，则几矣。惺翁其以谓然乎？”用记诸亭，时告惺翁。己丑三月十二日

（《全集卷二十七·惺翁亭记》）

【46】夫堂何以名自然也？夫自然者，圣人之中路也。圣人所以顺天地万物之先，而执夫天然自有之中也。夫路一而已矣，学者欲学圣人，不先知圣人之中路，其可至乎？先师白沙先生云：“学以自然为宗。”当时闻者或疑焉。若水服膺是训，垂四十年矣，乃今信之益笃。盖先生自然之说，本于明道明觉自然之说，无丝毫人力之说。明道无丝毫人力之说，本于孟子勿忘勿助之说。孟子勿忘勿助之说，本于夫子无意必固我之教。说者乃谓老、庄明自然，惑甚矣。史氏恭甫作新泉精舍之前堂，既成，名曰“自然”。水敬为序而铭之，俾学者庶有觉焉。铭曰：有堂恢恢，在彼新泉。自然其名，哲人维言。或曰老庄，无亦其禅。曰彼二氏，私智烦难，焉睹本体？焉知自然？曰自然者，何以云然？夫自然者，自然而然。吾且不能知其然，吾又何以知其所以然？问之天地，天地不言，而苍然陨然；问之万物，万物恍然怡然，不言而其意已传。或失则少，或失则多，或过不及，如自然何？仰维宣圣，示学之大，毋意毋必，毋固毋我。川上之叹，不舍昼夜。天时在上，水土在下，倬彼先觉，大公有廓。自喜自怒，自哀自乐，天机之动，无适无莫。知天所为，绝无丝毫人力，是谓自然。其观于天地也，天自为高，地自为卑。乾动坤静，巽风震雷，泽流山峙，止坎明离。四时寒暑，自适其期。一阴一阳之谓道，道自无为，是谓自然。其观于万物也，化者自化，生者自生，色者自色，形者自形。自动自植，自飞

自潜。鸢自戾天，鱼自跃渊，不犯手段，是谓自然。是何以然？莫知其然。其然莫知，人孰与之？孰其主张？孰其纲维？孰商量之？孰安排之？天地人物，神之所为。曰神所为，何以思惟？吾何以握其机？勿忘勿助，无为而为，有事于斯，若或见之。其神知几，其行不疑。穷天地而罔后，超万物而无前。天地万物，与我浑然。一阖一辟，一语一默，各止其极，莫见其迹。莫知其然，是谓自然。百尔诸贤，哲哉勉旃。甲午十二月朔日

（《全集卷三十三·自然堂铭》）

卷八　合一之学 凡一十六条

导读："合一之学"是湛若水对当时学界或失之于外或失之于内的学风之纠偏。他学宗程明道，认为明道承孔孟之正脉，故此作《遵道录》一书以标举中正合一之学。"合一"的思想主张，实是他天地万物一体观题中之义，无论其天道观、心性论、修身功夫论乃至其治政观、三教观中，都可以清晰见到。然而，单独列其为一卷，一方面是湛若水标举"中正合一"为自己的学术旗帜；另一方面，则是他所编之《二业合一论》主张德业举业合一，确实对当时影响甚大，有大功于儒门。

【1】甘泉子言曰："学莫大乎内外合一，一则无事矣。"或曰："以心合物，孰能一之？"曰："莫大于不与。"曰："如之何斯可至之？"曰："习。习以渐。"未达。曰："盍观诸鸟雏之习也，以渐而高远。"

【2】仕鸣问知行合一。甘泉子曰："其并进乎！是故离知而行，非圣人之行；离行而知，非圣人之知。"

（以上两条出自《全集卷一·樵语》）

【3】黄生纶问曰："昔者纶也闻诸子云：'二业一，则无有弗成者；二业不一，则有成焉，有弗成焉。'然则世之不知合一者多

矣，而利于举，何耶？”甘泉子曰：“终亦合一而已。彼不知合一而利者，其性敏而才达，暗合乎此耳。是故或有由中之言、自得之妙，然而其它或有不尽然者。具目者观之，弊斯见矣。况才性之钝鲁者必弗能然，乃资于记诵。然而记诵者比比皆是也，遇记诵者，见之斯黜矣。夫才性之钝鲁者，从吾合一之说，三年而变化焉，天下之技莫能敌之矣。故曰：‘无有弗成者也。’”甘泉子谓汤子民悦曰：“良知、良能，人之同有也，彼后生岂无善念，以其汩没于举业焉，恐正学之妨之也，故未能舍彼而从此。噫！惑也甚矣。夫德业举业，业二而致一者也，今夫修德业者从事于古训也，为举业者亦从事于古训也，是其业一也。世之学者以为不同，非也。盖系乎志，不系乎业也。故不易业而可以进于圣贤之道者，举业是也；不易志而可以大助于举业者，圣学是也。故志于德业，则读书也精，涵养也熟，于义理也明。故其辞畅，其指达，其发于文，皆吾自得之实事，比之掇拾补缀而不由一本一气者，大径庭矣。故圣学反有大助于举业，何相妨之患？虽然，有助云者，犹二之也。举而措之耳，如身具手足，而使手持而足行耳。是故古之学者本乎一，今之学者出乎二。二则离，离则支，支离之患兴，而道之所以不明不行也。故夫知与行二，即非真知行矣。才与德二，即非全人矣。文与武二，世无全材矣。兵与农二，则世无善法矣。夫子之文章与性道二，则世不知圣学矣。心与事物二，则圣学不明不行矣。良可叹哉！”

（《全集卷四·二业合一训》）

【4】甘泉子曰：“惟人心不可以二，二则支，支则离，是故用志不可以或分也。”

【5】甘泉子喟然叹曰：“夫学莫病于支离矣，自一念以至万

物，无非心也，二之者支离也。”

（以上两条出自《全集卷六·雍语》）

【6】合一之训，与抑洪水、兼夷狄、作春秋同功，然乎先窃谓：“一而二则合，二而一则不合。一而二者，培根本而俟枝叶自生也；二而一者，一面培根，一面作枝叶也。枝叶与本根，两下功夫也，故欲事德业，不先断举业，而曰：‘吾无助长计功之心而合一’，恐自欺也，故必有夫子十三年涵养之功，然后可。未知是否？”

只心事合一用功，即执事敬，便是根本枝叶一气贯通，但枝叶花实，则随气所到处生长耳。君岂见止种其根去其叶，日绝其萌芽，而可以望花实之生乎？

【7】圣人之学须心事合一，二之则不是。治身治家治国天下，无非心事合一，今日治家，乃吾道通第一件事。治家须一，所以义理其丰俭用舍取与，一一要合天理。须是揽权，不可狃于情爱、制于妻子。不能检制，不能节用，便至于困，不免起求人之心，辗转于私意而不自觉。此病痛亦非小小，其始皆主心事相判之咎。今人皆言待心养熟，自事无不善，其疏脱多矣，可不戒哉！且如借贷于人，必须记某年某月某日有某租，亦可以偿之，若过一日欠一物，即非信也，即非天理也。谨于始而虑于终，无非欲成就个天理耳。

（以上两条出自《全集卷六十九·新泉问辨录》）

【8】戊子岁，师考满来京，隆谒于东城旅舍。师问曰：“一向有何工夫？”隆曰：“也不曾作得工夫，只是去岁与唐枢、余胤绪相处，得见《二业合一训》，似若粗有闻见，觉得而今意思与往时自别。盖往时习惯疏懒，一旦骤当多事，意甚厌苦；后蒙教来，始知为学工夫必须就在这里用力，以求至当，方是着实学问。自此意

绪稍安，觉得不但二业合一，天下之事以是心求之，皆是为学。”师曰：“晓得这意思便是了，虽处夷狄患难，以是心处之，何处非学？何往不乐？”此说是否？

《二业合一训》，盖明心事合一之指，而立大中至正之矩也。学者煞要理会，于此理会得透，则一了百了，何事非学？何往非乐？学者病痛全在三截两截，读书时自读书，静坐时自静坐，酬应事变时又自酬应事变，憧憧往来，终无向进之理。能由此收拾得成片段，则动亦定、静亦定，而吾心广大高明之体日以复矣。至虚而至实，至近而至神，何洒落如之！

（《全集卷七十六·金陵答问》）

【9】德业、举业二业本同一致也。如修德业者亦读圣贤之书，为举业者亦读圣贤之书，其业一也。其世之学者以为不同，盖系乎志，不系乎业也。故不易业而可以进于圣贤之道者，科举是也。不易志而可以大助于科举之业者，圣学是也。故志于德业，则读书精、涵养深、义理透，故其词畅、其指达、其发于词，皆吾自得之实事，比之掇拾补缀而不由一本一气者，大径庭矣。故圣学反有大助于举业，何相妨之患？然而，言有助云者，犹二之也，举而措之耳。如身之具手足，而使手持而足行耳。是故古之学者出乎一，今之学者出乎二。二则离，离则支，支离之患兴，而道之所以不明不行也。故夫知与行二，而举世无真知行矣。才与德二，举世无全人矣。文与武二，则举世无全材矣。兵与农二，则后世无善法矣。夫子之文章与性道二，则举世不知圣学矣。心与事物二，则圣学不明不行矣。

（《全集卷八·与汤民悦》）

【10】西樵两承远虑，非骨肉之义，何以及此！然此山敻出江

海之间，绝与后山不相涉，且远二三百里。山贼不利舟楫，广间士夫多好事者为之耳。不劳远念。所示前此支离之憾，恐兄前此未相悉之深也。夫所谓支离者，二之之谓也，非徒逐外而忘内，谓之支离，是内而非外者亦谓之支离，过犹不及耳。必体用一原，显微无间，一以贯之，乃可免此。仆在辛壬之前，未免有后一失，若夫前之失，自谓无之，而体用显微，则自癸甲以后自谓颇见归一，不知兄之所憾者安在也？

（《全集卷八·答阳明》）

【11】夫遵道何为者也？遵明道也。明道兄弟之学，孔、孟之正脉也。合内外、彻上下而一之者也。今夫为朱、陆之辨者赜矣，或失则外，或失则内，或失则上，或失则下，吾弗敢遵焉尔。是故履天下之大道，而决天下之至赜者，莫大乎中正，中正者，救偏之极致也。述遵道。正德己卯春三月望，在大科书院

（《全集卷十六·叙遵道录》）

【12】杨少默游烟霞一载，将归潮，诣于甘泉子。甘泉子曰：“呜呼！杨子，一尔心，毋支离尔学矣。”“曷谓支离？”曰：“或偏则外，或偏则内，二之皆支离也。人知偏外者之支离矣，而未知偏内者之为支离。偏外故忘本，忘本则迹；偏内故恶物，恶物则寂。二者皆支离之疚也。离也者，离也，贰而贰之也，是故致一则一矣。君子之学，内外合一，动静合几，体用合原，物我合体。内外合一者德，动静合几者神，体用合原者道，物我合体者性。尧曰‘执中’，舜、禹曰‘精一’，禹传之汤，汤以传之文、武、周公，周公传之孔子，曰‘一贯’。孔子传之颜氏，曰‘博约’。是故内外动静一矣。体用物我一矣。孔、颜之后，离而二之者渐矣。千有余年而后有周、程，故程子曰‘一原’，曰‘无间’。周、程

之后，离而二之者甚矣。呜呼！一之者其谁乎？是故内外分而动静判，动静判而体用离，体用离而物我间。夫天之生物，一本也。夫道，一本者也，知不二本。又何有于内外？故一之而后可以入道，道无二也。”或曰：“杨子于子之言契矣，闻内外体用物我之合一矣，执事斯敬矣，骎骎乎而之道矣。吾子犹谆谆乎支离之戒，何居？”甘泉子曰：“傲慢游淫之戒，犹谆谆乎大圣也，何居？龟山之于程子也，晦翁之于延平也，犹不能无惑于离索之后矣，何居？夫适道者，不贰其途，虽万里可至焉；中道而贰之，则虽十里其能至之哉？呜呼！杨子，一尔心，无贰尔途矣。”

（《全集卷十六·送杨少默序》）

【13】甘泉子五十年，学圣人之道，于支离之余，而得合一之要以告，而寡予受。有为黄老之言者方子直养，持其混合之说，来访于西樵。甘泉子不习闻其说，独爱其似吾合一之旨，而儒学之支离者，反若出其下，乃乐与之游，而犹好与之辩。是故乐游则有亲，好辩则有从；有亲则可信，有从则可化；信而化之谓之善变。或曰：“辩何辩矣？”曰：“合一有三要，混合有三要。曰心、曰事、曰理，所谓合一也；曰精、曰气、曰神，所谓混合也；合一之道主乎理矣，混合之说主乎气矣。主乎理者形而上，主乎气者形而下。知混一之说而不失其中正者，其惟圣人乎！”方子乃出矢言，从甘泉子于圣人之归矣。夫方子者，逃商而仙，一变也；逃仙而儒，二变也；不可谓不智且勇矣。使方子果能由其混合之意而为甘泉所谓合一之道，是为天之勇智，而圣域可入矣。于其归齐云，且道访阳明子也。言以申之，令诸友生合言以饯之于小瀛洞天，以为他日阳明质问之资焉。

（《全集卷十六·送方直养归齐云诗序》）

【14】壬辰之夏，高子公敬辞休宁令尹而请教职，得扬州焉。将行，甘泉子壮之曰："子之志则高矣，远矣。成己成物，其在兹乎！"曰："何居？"曰："子不闻？半乎？是故物我两成，莫大乎尽性。《记》曰：'尽其性，则能尽人之性；能尽人之性，则能尽物之性；能尽物之性，则可以赞天地之化育；可以赞天地之化育，则可与天地参矣。'性者物我天地之一原也，天无二性，性无二尽，性之德也，合内外之道也。""敢问两成之道。"曰："诚者自成也，而道自道也。是故我自成我，人自成人，物自成物，天自成天，地自成地，化育自化育。性无二成，成无二道，道无二能。"曰："何居？"曰："人物于我乎尽分，天地化育于我乎成能。故不能成能，不能尽分，则不能尽性，是人物天地皆与我敌也。由是言之，不能成学，则不能成教；不能成教，则不能成贤；则诸生济济皆为我敌也。是故内外一贯，德业两成，吾于举业焉见之矣。"或曰："敢问举业之所关，果若是博乎？子之迂也。"曰："圣人一贯之道，非心事合一之谓乎？举业之事，非事之类乎？举业之精一，非心之类乎？内以成心，外以成事，吾于举业焉见之矣。内以成心，是故盛德起焉；外以成事，是故大业生焉；德业合一，是故神明至焉；及其致也，万化成焉，天地位焉，万物育焉。故心无二致，德业举业无二功，成己成物、天地化育无二能。是故可与执忘助之机者，斯可与我体认之功；可以与我体认之功者，斯可以与我合一之学；而先生德行道艺之教备矣。斯理也，高子讲之有素。今其之维扬也，维扬诸生多志学之士，有行窝在焉，其与诸生习居业之学于泮宫，游息之学于行窝，相与各自信自力以求自得焉，非我之所能与也。"嘉靖壬辰夏五月廿七日

（《全集卷二十二·送高君公敬掌教扬州序》）

【15】惟嘉靖十有一年秋，朝廷以教事惟艰，慎惟其人。惟人

惟艰，匪惟训词之艰，其惟模范之艰哉！于是铨曹选诸众彦，以仪制郎中田君叔禾汝成以闻。制曰："可。"于时缙绅之彦咸以为斯惟其人矣，知艰鲜哉。或曰："田君盖尝讲合一之学于新泉矣。其斯以为训词乎？其斯以为模范乎？""何谓合一？夫合一者，内以治心，外以治事。内以治心，故德崇焉；外以治事，故业广焉。德业之一，合内外之道也。是故田君有之，故能屡折难明之狱于南曹，而以片书免小民空闲之虚税于三厂者以千数。陟仪制于北曹，析典礼之精义，而行会通，达于朝廷，宣布于藩国，上下以宜，神人以和，合一之学，斯其征矣。然则由是推之，其可移于学政，斯其征矣。是故立之为模范，发之为训词。模范以化其内，训词以化其外。化内者，德行之谓也；化外者，道艺之谓也；德行道艺者，合一之谓也；合一者，合内外之道之谓也。是故斯理也，能立已而后能立人，能达已而后能达人，其致一也。是故物我两尽，合一之谓矣。故以修之于己则师道尊，被之于人则士习变。化其内则尽心，心尽则德日崇焉；化其外则尽事，事尽则业日广焉。德崇以效天，业广以效地，天地人之蕴尽矣，合一之化行矣。今田君往也，吾广有白沙先生之流风在焉。田君以合一之学教其多士，道之以德业，士斯德业化之矣；端之以模范，士斯模范化之矣；正之以训词，士斯修词训化之矣。此田君之夙昔讲于新泉者也。于是乡士大夫皆庆斯学之将兴于吾广，以光于前修也，请书赠焉，以俟其成。"嘉靖壬辰八月二十一日

（《全集卷二十二·赠督学宪佥田君奉敕之岭南序》）

【16】甘泉子曰："学一而已矣。知陈公因武修文之义，斯可与语学矣。知诸君修学之义，斯可与语道矣。夫道，一而已矣；夫学，修之以复乎道而已矣。是故圣人修道以成天之能，君子修身以复己之命。故古之学者本乎一，今之学者出乎二。二则支，支则

离，支离之弊也久矣，故夫文武二而天下无全材矣。岂惟文武为然，才德二而天下无全人矣。岂惟才德为然，体用二而天下无知道矣。岂惟体用然，知行动静二而天下无善学矣。岂惟动静为然，德业举业二而天下支离甚矣。非其本然也。孟子之时，其杨、墨矣，程子之时，其释、老矣，故自支离之说兴，而儒学坏矣。儒学坏而天理几乎息矣。呜呼！李子，而知学之坏而不知儒者之学之坏也。原本及末，故知合一之说，则可以化举业而知道矣。”或问：“何谓合一？”曰：“执事则敬，作字则敬，吾闻其语矣，未见其人也。故学在修其二，而复之一而已矣。”

（《全集卷二十六·重修四会县儒学记》）